마을은 보물로 가득 차 있다
― 에코뮤지엄 기행

희망제작소 뿌리총서 ①

마을은 보물로 가득 차 있다
— 에코뮤지엄 기행

오하라 가즈오키(大原一興) 지음
김현정 옮김
원기준 감수

ECO MUSEUM ENO TABI
by OHARA Kazuoki
Copyright (c) 1999 OHARA Kazuoki
All rights reserved.
Originally published in Japan by KAJIMA INSTITUTE PUBLISHING CO., Tokyo
Korean translation rights arranged with
KAJIMA INSTITUTE PUBLISHING CO., Japan
through THE SAKAI AGENCY and SHINWON AGENCY

이 책의 한국어판 저작권은 신원에이전시를 통한 저작권자와의 독점계약으로 희망제작소에 있습니다.
저작권법에 의해 한국 내에서 보호를 받는 저작물이므로 무단 전재와 무단 복제를 금합니다.

【 일러두기 】

1. 외래어 표기방법에 관해서, 먼저 일본어는 교육부 지정 일본어표기법에 따라 표기했으며, 그 외 언어는 통용되고 있는 표기로 하였다. 또한 한국어 발음 뒤에 원어를 병기하였다.
2. 외국 행정구역 용어에 관해서, 일본은 일반적으로 쓰이는 「都·道·府·県·区」는 한국어 「도·도·부·현·구」로, 「市·町·村」은 일본발음인 「시·초/마치·손/무라」로 표기하였다. 그 외 각 나라의 행정구역은 원저에 나온 그대로 옮겼다.
3. 기본적으로 주석은 원저자에 의한 것이며, 번역시 필요할 때 번역자가 역주를 달았고 역주라는 표기를 별도로 해 두었다.
4. 최대한 원문의 문장과 단어를 살려서 그대로 번역하는 것을 원칙으로 하였다. 이는 원저자의 글 의도를 손상시키지 않고자 함이다.

희망제작소 뿌리총서를 발간하며

창조적인 지역만들기를 위하여

'살기 좋은 지역만들기'가 하나의 국가정책으로 등장하면서 전국에 지역만들기 열풍이 불고 있습니다. 정부부처들은 오히려 경쟁하는 것처럼 보일 정도로 살기 좋은 지역만들기 정책에 막대한 예산을 투여하고 있습니다. 지방자치단체와 지역단체들은 이러한 예산을 한 푼이라도 더 받기 위해 치열한 공모전 경쟁에 화려한 계획들을 내놓고 있습니다.

사실 살기 좋은 지역만들기 운동은 이미 오래전부터 풀뿌리자치운동에 관심을 갖고 참여해온 시민운동과, 지역에 뿌리를 내리고 있는 주민운동조직에서 다양한 형태로 시도해 왔습니다. 물론 그동안 많은 성과들도 축적되었습니다. 그런데 예산도 없이 고군분투해오던 시민운동 진영에서 정부의 살기 좋은 지역만들기 정책에 적잖은 우려를 보내고 있는 것은 역설적인 현실입니다. 정부의 의욕과잉에 따라 그동안 주민들의 자발적이고 주체적이던 운동이 정부예산 따먹기 경쟁으로 변질되지 않을까 하는 걱정입니다.

주민의 창의성에 바탕을 두고 주민자치운동으로 전개해야 할 '살기 좋은 지역만들기'가 자칫 주민은 들러리가 되고 지방자치단체와 용역회사들이 대신 만들어 주는 '살기 좋아 보이는 지역만들기'로 전락할 우려가 높기 때문입니다.

우리는 정부가 살기 좋은 지역만들기 정책을 적극 추진하는 것에 대해 반대하지 않습니다. 다만 주민자치운동이 되어야 할 지역만들기 운동의 근본 취지를 훼손하지 않도록 세심한 디자인이 필요하다고 봅니다. 예산은 약이 될 수도 있고 독이 될 수도 있습니다. 이러한 우려는 비단 우리나라만의 문제는 아닙니다. 우리가 '마치즈쿠리'라고 일컫는 일본의 마을만들기 운동에서도 관의 개입과 지원이 비슷한 문제들을 많이 낳고 있어서 일본 내에서도 비판의 목소리가 높습니다.

〈희망제작소〉는 시민의 참여와 시민의 창안을 통해 우리 사회를 새롭게 디자인하자는 취지로 설립되었습니다. 특히 세상의 풀뿌리인 지역이 살아야 우리 사회가 건강해질 수 있다고 봅니다. 그런 의미에서 지역만들기를 핵심과제로 삼고 이에 대해 어떻게 하면 실질적이고 지속적으로 기여할 수 있을지를 진지하게 모색해 왔습니다.

그 모든 노력에 앞서 우리가 많은 관심을 갖고 있고 또 여러 사례들이 소개되고 있는 일본의 마을만들기뿐만 아니라 유럽과 미국 등 세계 각지에서 펼쳐지고 있는 지역만들기 사업에 대해서도 좀 더 체계적이고 심층적인 소개가 절실하다고 보고 〈뿌리총서〉를 기획하게 되었습니다. 우리보다 앞서 시행착오와 성공사례를 동시에 경험한 다른 나라의 좋은 모델들을 계속 소개할 계획입니다.

매우 광범위한 영역에서 펼쳐지고 있는 다양한 마을만들기 사례와 연구들을 계속 소개함으로써 '살기 좋은 지역만들기' 운동이 한층 더 활성화되고 우리 사회에 맞는 새로운 모델들을 창출해 나가는 데 밑거름이 될 수 있기를 바랍니다.

우리 사회에서 독서운동으로 새로운 사회공헌의 모델을 보여주고 있는 〈우림건설〉에서 고맙게도 이번 기획사업의 주춧돌을 놓아주셨습니다. 우림건설의 심영섭 사장님은 매달 천 권의 책을 임직원은 물론 지인들에게 선물하는 양서(良書)전도사이십니다. 또한 이 총서의 번역과 감수를 위해 아무런 보상도 없이 아낌없이 협력해주신 여러 교수님들과 전문가분들께도 깊은 감사를 드립니다. 이들의 소중한 뜻을 담아 뿌리총서를 더욱 알차게 기획해서 출판해 나가도록 하겠습니다.

희망제작소 상임이사 박원순

들어가며

일본에서도 이제 에코뮤지엄이라는 말을 듣는 일이 많아졌다. 그러나 아직 에코뮤지엄에 대해 오해하고 있는 점이 많다. 이는 에코뮤지엄에 대한 지식이 외국에서 들어온 것이기 때문이다. 지금까지의 지식·정보를 조금이라도 넓히고, 가능한 한 원전을 해독하고, 세계 각지에서 열심히 에코뮤지엄에 관한 활동을 하고 있는 사람들과의 만남을 통해서 그것의 참뜻과 방향성을 이해하고자 하는 것이 이 책의 목적이다.

　필자 자신이 느끼고 있는 에코뮤지엄의 매력을 여기에서는 두 가지 정도로 정리해 보겠다.

　우선, 환경 디자인적 방법론으로서 '생산을 위한 디자인에서 이용을 위한 디자인으로'의 전환을 도모한다는 점이다. 에코뮤지엄은 새롭게 만들어진 것이 아니라 이미 이전에 있었던 것을 이어서 다시 재구성하는 것으로 전체를 박물관으로 만들어 가는 활동이다. 이미 건설이 주도하던 시대는 끝났으며, 지금부터는 건축의 가치를 이용하는 방법을 찾아야 한다. 현대 환경 디자인의 창조성은 가치관과 시점을 제시하고 가치를 재배치함으로써 얻을 수 있다.

다른 하나는 시설과 사회서비스기관의 '제공자와 이용자의 이원론적 이해에 대한 문제제기'이다. 에코뮤지엄이 사회교육기관으로서 독특한 점은 가르치고 가르침을 받는다는 양자대립적인 사고방식이 아닌 일체론적인 접근방법을 취하고 있다는 점이다. 커뮤니티의 생태학적 발전관을 기본으로 하고 있다.

이 외에도 에코뮤지엄이라는 존재는 사회에 대한 다양한 문제를 제기하고 있다. 이 책에 소개한 이념과 실제 사례를 통해 독자의 관심을 끌어내고 읽혀졌으면 하는 바람이다.

한국어판 서문

일본 에코뮤지엄은 1990년대 존재가 알려지게 되었고 많은 사람들의 관심을 끌었다. 에코뮤지엄이 갖는 매력적인 사고방식에 매료된 사람들은 완성된 에코뮤지엄의 모습을 보기 위해서 해외, 특히 프랑스에 있는 에코뮤지엄을 몇 번이나 방문했다. 본인도 그 사람들 중 한 사람으로서 일본에 에코뮤지엄이라는 이념을 실현시키고자 훌륭한 에코뮤지엄을 많은 사람에게 알리고 싶다.

이 책은 1999년 일본에서 발간한 에코뮤지엄 소개서이다. 에코뮤지엄이라는 사고방식은 다양한 분야에 새로운 사고방식을 불러일으켰다. 특히 건축이나 환경을 대상으로 연구하는 우리는 종래의 건축유형과 물리적인 제약에 구애되지 않는 자유로운 형태의 박물관이자 마을만들기의 일환인 에코뮤지엄 활동에 많은 자극을 받았다. 확실히 현대사회가 원하는 활동 중 하나라고 할 수 있다.

이와 같은 필요성은 한국에서도 마찬가지일 것이다. 대도시로 유입되는 인구·산업·경제의 집중과 고밀도화, 지역의 환경과 무형문화, 정신적 에콜로지에 대한 재평가가 이루어지는 현대일수록 에코뮤지엄은 지역사회에 뿌리내리는 사람들을 충분히 단련시키는 시스템으로서 점점 더 필요하다. 지금 지역사회에서 무엇보다도 필요한 것은 물질문명이 아니라 지역에 대한 자긍심일 것이다.

이 책이 세상에 나오고 나서 일본 에코뮤지엄계는 어떻게 변했을까. 에코뮤지엄을 지향하는 수많은 활동이 생겨났다. 에코뮤지엄은 정의하기가 어렵고 에코뮤지엄의 정확한 실제 숫자는 파악할 수 없다. 하지만 일본에서는 현재 30~50곳 정도 에코뮤지엄이라 칭하고 활동하는 곳이 있다고 생각된다. 이 중에는 형식만 에코뮤지엄이거나 지도에만 존재하고 실제로 주민조직이 활동하지 않는 곳도 있다. 또 반대로 불규칙한 활동만 하고 운영조직이 없는 경우 등 실로 다양하다. 모두 에코뮤지엄이라는 장대한 이념을 동경하여 활동을 시작했을 것이다.

2000년대에 들어서 최근 세계에서 일어나는 움직임도 흥미 있는 일이다. 프랑스에 있는 연맹은 건재하지만, 지역에 따라서는 정치세력에 의한 영향으로 활동이 정체되어 있는 에코뮤지엄도 적지 않다. 한편으로 확고한 조직기반을 가지고 있는 곳은 영역을 확대하기도 한다. EU에서 보조금을 받아서 정비를 하고, 관광 차원으로 방문자를 확보하는 데 성공한 곳도 있다. 최근 움직임으로는 이탈리아의 실천이 매우 활동적이다. 몇몇 주에서 에코뮤지엄법이 제정되어 다양한 활동을 전개하고 있다. 유럽의 에코뮤지엄 네트워크 조직이 활동을 시작했고, 이탈리아 그룹은 그 중심에 있다.

아시아에서도 최근에는 주목할 만한 움직임을 여기저기서 볼 수 있다. 2005년 중국에서 개최된 국제회의에는 아시아 여러 나라의 참가자들이 모였으며, 가까운 장래에 아시아태평양 네트워크도 기대된다.

이번 번역은 애초 1999년에 일본에 있는 에코뮤지엄을 방문한 태백시의 시민운동가 원기준 목사가 계기를 마련해 주어 마침내 희망제작소 뿌리총서 발간의 첫 번째 사업으로 실현되었다. 본인에게는 기대 이상의 일이며 매우 기쁘게 생각한다. 일본희망제작소도 개설되었다는 소식을 들었고, 뜻밖에 본인의 책이 한일 교류의 역할을 할 수 있게 된 점에 대해 진심으로 감사드린다.

2007년 12월 도쿄에서

오하라 가즈오키

글의 순서 · 마을은 보물로 가득차 있다—에코뮤지엄 기행

5_뿌리총서를 발간하며 | 창조적인 지역 만들기를 위하여
9_들어가며
11_한국어판 서문

에코뮤지엄의 기본개념
19_에코뮤지엄의 정의와 개념, 그 해석
38_에코뮤지엄의 에콜로지의 개념

프랑스에서의 에코뮈제의 탄생과 성립
51_시대배경
53_프랑스 에코뮈제 탄생과정
57_에코뮈제의 탄생
59_프랑스의 에코뮈제 분류

에코뮤지엄의 세계적 확산
67_에코뮈제의 확산
70_내셔널트러스트와의 관계—프랑스와 영국
74_에코뮤지엄과 북유럽
77_스웨덴의 에코뮤지엄
80_일본의 에코뮤지엄
82_에코뮤지엄의 현대적 의미

에코뮤지엄의 사례들을 찾아서

프랑스 | 브레스 부르기뇽 에코뮈제_91
크뢰조 몽소 레민 에코뮈제_107
푸르미 트렐롱 에코뮈제_117

벨기에 | 비로왕 에코뮈제_133
상트르 지역 에코뮈제_143

캐나다 | 피에 몽드 에코뮈제_157

스웨덴 | 베리스라겐 에코뮤지엄_171
크리스티안스타드 에코뮤지엄_186
활뷔덴 애트라달렌 에코뮤지엄_193
네드레 애트라달렌 에코뮤지엄_201

스웨덴·노르웨이 | 그랜스란드 에코뮤지엄_209

노르웨이 | 뢰로스 뮤지엄_219
토뗀 에코뮤지엄_228

본서에 게재된 에코뮤지엄 일람_236
역자후기_251

에코뮤지엄의 기본개념

에코뮤지엄의 정의와 개념, 그 해석

1. 〔어원〕 에콜로지와 뮤지엄의 합성

에코뮤지엄 ecomuseum 이란 프랑스에서 1960년대 후반에 탄생한 개념으로, 불어의 에코뮈제 écomusée 를 영어로 번역한 것이다.

에코뮤지엄은 에콜로지 ecology 와 뮤지엄의 합성어이다. 에콜로지나 에코노미의 어원인 '에코'라는 말은 '집'을 의미하는 그리스어 '오이코스' oikos 에서 유래했다. [→p.24 자료1 외, Engström, 1985, Pardon, 1986 등]

에코뮤지엄이라는 개념은 스웨덴의 스칸센 Skansen 야외박물관으로 시작한 생활사복원운동 living history movement 의 전시기법에서 처음 생겼고, 생활 전체를 포괄적으로 표현하는 '집의 박물관'이라는 아이디어에서 기인했다.[1]

일본에서는 1987년 아라이 주조 新井重三 에 의해서 '생활·환경박물관' 生活·環境博物館 이라는 번역어가 만들어졌다. 아라이가 '생활·환경박물관'이라고

---

[1] Hubert, 1985

이름 붙인 것은 에코뮤지엄의 아버지라 불리는 조르주 앙리 리비에르[2]Georges Henri Rivière가 에코뮈제를 "지역사회 사람들의 생활과 그 지역의 자연환경, 사회 환경의 발달과정 역사를 탐구하고, 자연유산 및 문화유산을 현지에서 보존, 육성하고 전시하는 것을 통해서 해당 지역사회 발전에 기여하는 것을 목적으로 하는 박물관"이라고 기술한 것에서 유래했다.[3]

한편, 일본에 공적으로 소개된 최초의 문장은 쓰루다 소이치로鶴田総一郎가 1972년 ICOM 대회를 소개하던 중에 '환경박물관'으로 소개한 것이다.[4] 이때만 해도 환경에 관한 에콜로지 박물관으로 인식하는 정도였으며, 과학계 박물관 관계자들에게만 알려져 있었기 때문에 오늘날과 같은 지역활동과 관련짓는 것에 관심을 끌지는 못했다. 그러면서 잠시 동안 일본에서 이 말은 잊히게 되었다.

다시 에코뮤지엄이 일본에서 소개된 것은 버블붕괴 시점인 1980년대 후반부터 말에 걸친 시기였다. 시대적으로는 지방 활성화와 마을 활성화 등에 관한 관심과 기운이 고조된 시기였고, 이후 1990년대에 들어서면서 많은 지자체에서 급속히 관심을 가지게 되었다.

2. 〔정의〕 관계적 개념으로서의 에코뮤지엄

에코뮤지엄의 정의와 내용은 리비에르에 의해서 명문화되었고, 세계적으로 소개된 에코뮈제의 발전적 정의에 규정되어 있다. 자료2[→p.24-25]에 이

---

[2] 초대 ICOM(국제박물관회의, International Council of Museums) 디렉터를 1948~65년(ICOM 자료에 의함)에 역임, 그 후 ICOM 영구고문
[3] 新井, 1995, p.11
[4] 鶴田, 1974

내용을 실었다. 에코뮈제의 정의를 다의적이고 시적으로 표현한 것에 대해서 당황해 하는 사람도 많을 것이다.

하나의 지역 속에는 인간과 환경의 관계를 표현하는 갖가지 산업유산, 자연유산, 문화유산 등이 있다. 프랑스에서 생겨난 에코뮈제는 각 지역에 존재하는 갖가지 유산을 배우는 분관적 기능을 가지고 있는데, 그것을 '안테나'antenne 로 칭하고 있다. 이 용어에는 그 지역을 이해하고 활동을 촉진시키기 위한 '촉수'라는 의미가 내포되어 있다. 에코뮤지엄은 안테나망이 걸쳐있는 지역 환경을 인간과의 관계로 해석하는 통합적인 개념이다.

정의에서 알 수 있듯이 에코뮤지엄은 단순히 에콜로지에 관한 뮤지엄이 아니라 뮤지엄 그 자체가 지역에서 환경생활 친화적 존재라는 것을 의미한다. 오늘날의 에콜로지 붐이라는 문맥 속에서 에코뮤지엄이 소개될 때에는 흔히 자연환경보존공원과 같은 이미지로 비추어지는 듯하다. 그러나 원래 이념으로 말하면 에코뮤지엄은 그 의미에 그치지 않는다.

에코뮤지엄/에코뮈제라는 말은 1971년 그 말이 생겼을 당시에는 에콜로지와 뮤지엄의 합성어였다. 그 에콜로지가 의미하는 바는 휴먼 에콜로지 écologie humaine 이다.[5] 즉 단순한 생물생태계의 학술적 표현으로 사용된 에콜로지가 아니라는 점을 지적할 수 있다.

1971년에 에콜로지라는 말이 사용된 데에는 다음 해에 열린 유엔인간환경회의를 앞두고 당시 환경문제에 대한 관심이 고조된 것에서 비롯하여, 캐치프레이즈로 일종의 유행어를 만들자는 정책적, 조작적 의도가 있었던 것 같다[→ p.57].

또한 프랑스 문화성이 인정하는 '조직원칙'에 이들의 실태에 맞는 구체적 조직내용이 있다[p.26-29 자료3]. 그리고 자료4는 스웨덴의 베리스라겐 에코뮤지

---

[5] Varine, 1978, p.31

엄의 팸플릿에 있는 에코뮤지엄에 대한 설명문이다[→p.29-30].

이 정의는 모두 에코뮤지엄이란 무엇인가What라는 것보다 에코뮤지엄은 어떻게How 활동하는 것인가라는 설명에 중점을 두고 있다. 달리 말하자면, 형태Form가 아닌 기능Function을 중시한다는 것이다.

이런 점에서 에코뮤지엄에는 실체가 없다고 말하기도 한다. 확실히 에코뮤지엄은 실체적 개념이 아닌 관계적 개념이다. 즉 지역과 자원에 맞춰서 유산, 시대, 주민의 속성들을 포함시킨 환경 전체와의 관계에 따라서 종잡을 수 없이 변화하는 것이다. 그렇기 때문에 형태로 정의하려면 혼란스러워지는 것은 당연한 일이다. 더욱이 시계열적으로도 변화할 수 있는 존재이며 변화의 방향을 결정하는 것은 기본적으로 주민이 짊어질 것이다.

아무리 많은 정의를 되풀이하여 읽어도 여전히 에코뮤지엄을 이해하기 어려운 것은 정의를 내리는 요소가 너무 많은데다가 다양성과 통합성을 중시하다 보니 사람에 따라서 무엇이 중요한가를 판단하는 관점이 다르기 때문일 것이다.

예컨대 1995년 6월 국제회의 분과회에서 에코뮤지엄의 알기 쉬운 번역어가 무엇이냐는 질문을 받은 패널들은 환경보전형 마을만들기安部治, 지역공생박물관稻本正, 지역을 사랑하는 사람을 만드는 것 大原一興 이라고 세 사람 각각 다른 대답을 했지만, 그 어느 것도 틀린 말은 아닌 것 같다.

3. 〔발전적 정의〕 알랭 쥬베르에 의한 해석

알랭 쥬베르Alain Joubert는 리비에르의 《발전적 정의》를 해석하여, 다음과 같은 특색을 갖는 것으로 에코뮈제를 평가하고 있다.

① 행정과 주민이 함께 구상하고 만들어 운영해 가는 도구 행정은 전문가와 함께 수단과 자본을 제공한다. 주민은 정열을 갖고 지식과 대처 능력을 제공한다. 결국 지식과 대처 능력을 행정과 주민이 공유하는 것이라는 이념.
② 주민이 자기 자신을 인식하기 위해 투영하는 거울 시간의 단절과 세대 간의 연결을 통해서 지역을 설명하려고 한다. 즉 주민에게 정확한 지식을 환원한다는 이념.
③ 보다 잘 이해하도록 주민이 방문자에게 제공하는 거울 대응한다는 것과 상호 존중한다는 이념.
④ 인간과 자연의 표현 강조하는 기본이념 중 하나. 즉 생태학자들은 "인류가 접하지 않은" 자연의 반대편에 인간이 있다고 보는 경향이 있었다. 프랑스에서는 농경지를 포함한 모든 자연이 인간에 의해 만들어진 것으로 보고 있다. 그것은 문화적 구축물이다.
⑤ 시간의 표현 리비에르에 의해서 완성된 또 하나의 기본적 이념은 미래로 열려 있다는 이념이다. 에코뮈제는 스스로를 결정하는 기관이 아니라 객관적인 분석자, 정보제공자가 되는 것이다.
⑥ 특권적 공간의 해석·이해 시간의 해석은 에코뮈제의 중심이 되는 장소로 그리고 공간의 해석·이해는 안테나라는 형태로 표현된다.
⑦ 연구소 전문가 육성과 테리터리(영역), 주민, 환경에 대한 연구를 목적으로 한다.
⑧ 보존기관 자연환경과 문화환경의 보호와 활용을 보장한다.
⑨ 학교 미래를 좀 더 잘 이해할 수 있도록 주민이 지역을 스스로 연구하고 보호하게 만드는 계기를 만든다.
⑩ 공통 원리 문화를 최대한 넓은 의미로 파악한다. 유산 속에 있는 문화·고고·건축·기념비·자연·민족·가구·물질 등 문화로 바꿀 수 있는 모든 유산. 영역에 관계하는 끝없는 다양성.
외부로 개방하는 것이지, 내부에 머무는 것이 아니다.

자료1 에코뮈제의 기원

에코뮈제라는 용어는 1965년부터 1970년에 걸친 성찰 끝에 생겨났다. 그것은 1960년대 사회를 재검토하는 과정에서 제기된 박물관의 기능에 관한 질문에 대한 성과이다. 에코뮈제는 다양한 관점에서 전통적 박물관과는 확연히 구분된다. 특히 에코뮈제가 밝히고자 하는 주민과의 관계에 관해서는 차이가 명확하다.

에콜로지ecology(생태)라는 말과 같은 어원(그리스어 OIKOS: 주거)을 갖는 에코뮈제는 사람이 사는 환경계milieu와 사람이 그 환경계를 유지하고 있는 여러 관계를 스스로 프로그램화한 박물관이다.

하지만 에코뮈제를 단어의 일반적인 의미로 해석되는 에콜로지 박물관으로 간주해서는 안 된다. 에코뮈제는 무엇보다도 사람 혹은 하나의 사회집단이 특권적인 여러 관계를 유지하고 있는 특정의 직접적 환경environment immidiat에 관심을 기울인다. 따라서 이 '환경계'라는 개념은 자연환경과 동시에 사회환경을 환기시킬 수 있다.

───────────────────────────

『에코뮈제의 발견』 브르타뉴박물관·빈띠네 에코뮈제(Musée de Bretagne-Ecomusée de la Bintinais), 1984년. 1995년의 도미니크 리비에르의 강연에서. 고토 나오토[後藤尚人, 이와테대학(岩手大学) 인문사회학부 조교수] 번역(1995년 7월 1일)

자료2 G.H.리비에르 「에코뮈제의 발전적 정의」

에코뮈제는 행정당국과 주민이 같이 구상하고 만들어 활동하는 수단이다. 행정당국은 전문가와 함께 편의를 도모하고, 재원을 제공한다. 주민은 각자의 흥미에 따라서 자신들의 지식과 대처능력을 제공한다.

에코뮈제는 이러한 주민이 스스로를 인식하기 위해서 서로를 바라보는 거울. 거기에서 주민은 자신들이 살아왔고, 살고 있고, 또 살아갈 지역을 세대의 연속성이나 비연속성을 통해서 이전 세대 주민의 설명에 이어서 설명을 하려고 노력한다. 에코뮈제는 이처럼 주민이 자신들을 좀 더 잘 알리기 위해서 자신의 일과 행동 그리고 내면성에 자부심을 갖고 방문자에게 내미는 거울이다.

에코뮈제는 사람과 자연의 표현. 그래서 사람은 자연적 환경계 일부로 해석된다. 그리고 자연은 전통적 사회와 산업사회가 자신들이 가지고 있는 이미지에 자연을 맞추도록 하는 그 원초상태로 해석된다.

에코뮈제는 시간의 표현. 설명은 사람이 출현한 시대 바로 이전까지 거슬러 올라가서 사람이 살았던 선사시대·역사시대를 통해서 확대되고, 사람이 살고 있는 현대에 이른다. 미래에도 에코뮈제는 결정기관의 역할을 맡으려 하지 않고, 지금과 같이 정보전달과 비평적 분석의 역할을 맡는다.

에코뮈제는 공간의 해석. 그곳은 걸음을 멈추게 하거나, 산책하고 싶게 만드는 특권적 공간이다.

에코뮈제는 연구소. 외부 연구기관과도 협력하여 주민과 그 환경계의 역사적·동시대적 연구에 공헌하고, 이 분야의 전문가를 양성하는 것을 장려한다.

에코뮈제는 보존기관. 그 주민의 자연유산·문화유산의 보존과 활용을 지원한다.

에코뮈제는 학교. 주민을 연구·보존 활동에 참가시키거나, 주민 스스로 미래에 관한 여러 문제를 좀 더 잘 파악할 수 있도록 촉구한다.

이러한 연구소, 보존기관, 학교는 공통 원리에서 착상되었다. 그 기관들이 증거로 내세우는 문화는 가장 넓은 의미로 이해되어야 하며, 그 기관들은 어떠한 주민층에서 나온 표명이든 간에 예술적 표현이나 문화를 존중하도록 노력해야 한다. 다양성에는 한계가 없다. 하지만 그렇게 다양화되기까지 자료는 표본마다 달라진다. 기관들은 그 안에서만 머무르지 않고 수용하고 부여해 가야 한다.

G. H. 리비에르, 1980년 1월 22일. 고토 나오토(後藤尙人) 번역

자료 3 에코뮈제의 조직원칙(통칭: 에코뮈제 헌장)

【 정 의 】

제1조
에코뮈제는 어느 일정한 지역에 살고 있는 주민의 참가에 의해서 그 지역에서 계승되어 온 환경과 생활양식을 나타내는 자연·문화유산을 포괄하여 항구적인 방법으로 연구·보존·전시·활용하는 기능을 보장하는 문화기관이다.

【 목 적 】

제2조
제1조의 기능은 특히 다음과 같은 활동을 실행함으로써 실현된다.
  a) 에코뮈제의 동산·부동산 유산 목록을 작성할 것
  b) 그 지역에 관한 물적 자료와 사료를 수집하여 보존하고 전개할 것
  c) 특별전·애니메이션(학습보조), 그 외의 행사를 기획할 것
  d) 구입, 기증, 증여를 통하여 소장 품목을 풍부히 만들고, 모금활동을 하고, 프랑스 박물관 담당부서의 조언을 바탕으로, 유산의 일부 보유자로 계약을 맺을 것
  e) '총목록' 작성사업의 지역담당기관과 제휴하여 에코뮈제 안에 있는 지방유산이 확실한 동산·부동산을 연구할 것
  f) 관할기관이 취득할 수 없고 자연스러운 환경 속에 있는 동산·부동산에 필요한 보호 방법을 제안할 것
  g) 에코뮈제의 틀 속에서, 가능하면 지역 차원의 교육·연구기관의 조력을 얻어 주민의 실천, 지식, 사회조직에 대한 조사연구계획을 짜고 실행할 것
  h) 교육·연구기관과 협력하여 전문가(컨서베이터, 교육담당자, 연구자, 기술자)를 육성할 것
  i) 연구테마를 보존하고 보고할 것
  j) 학교, 대학의 조력을 얻어서 에코뮈제에 관심을 갖게 하고, 심화시킬 수 있는 활동을 계획하고 실행할 것
  k) 에코뮈제가 있는 지역에 대한 교육적 전시를 할 것

【 에코뮈제의 모체 】
제3조
에코뮈제 관리는 지방자치체, 공적 기관, 합동조직, 어소시에이션, 재단에 의해서 실행된다.

【 컬렉션 규정 】
제4조
에코뮈제의 자연·문화 유산은 동산·부동산, 동식물 재산, 무형 재산으로 이루어진다. 에코뮈제의 재산은 양도할 수 없으며, 또한 재산에 대한 권리는 취소할 수 없다. 동식물 재산에 대한 특징은 전형이 되는 종족과 관련이 있다. 산업세계의 증거가 되는 동적재산에 대한 것은 표본으로써 대표하는 일련의 계열에 결부되어 있다. 에코뮈제가 구입하거나, 기증이나 증여를 통해 취득한 것을 수용할 때에는 국립박물관협회에 예술적 가치에 대한 조언을 구하고, 문화재 담당관청의 의견을 들어야 한다.
에코뮈제의 폐관 또는 소유자 조직의 해산은 프랑스 박물관국의 자문을 얻어서 이루어져야 하며, 그 재산은 유사한 목적·규정을 가지고, 같은 지역 내에 있는 조직에 분여된다.

【 에코뮈제의 기능 】
제5조
에코뮈제의 기능은 설치기관이 정하고 있는 운영규칙에 의해서 결정된다. 단, 에코뮈제의 특성은 3개의 위원회 설치로 나타나며, 사업프로젝트의 학술성을 보증하고, 에코뮈제에 관련된 사람 모두에게 효과적인 참가를 보증한다.
에코뮈제의 법적 성격, 그 중요성에서 보면, 3개 위원회 시스템은 어느 정도 형식화된 것일 수밖에 없다.

제6조
제5조에 기재된 3개 위원회는 다음과 같다.
   a) 학술위원회
      에코뮈제 특유의 학제성을 반영하여 학술위원회는 농학, 고고학, 생물학, 생태학, 역사학, 미술사학, 사회학 등과 같은 기본적 학문분야와 에코뮈제의 활동에 유익한

응용 학문분야의 전문가로 구성된다.
위원회는 학술사업에 의해 결정된 활동을 실시할 때 관장을 돕고, 이용자 위원회로부터 받은 제안을 학술적으로 엄격히 검토한다.

b) 이용자위원회

에코뮈제에 주민이 참가하는 표현의 일환인 이용자위원회는 어소시에이션의 대표와 함께 에코뮈제를 정기적으로 이용하고, 그 활동에 협력하는 조직 대표로 구성된다.
위원회는 활동계획을 제안하고, 그 결과를 평가한다.

c) 관리위원회

관리위원회는 에코뮈제에 자금을 지원해 주는 조직(각 관청 부서, 각 지방자치체, 민간, 그 외 공적 조직)과 계약 후에도 자유롭게 사용할 수 있는 형태로 에코뮈제와 재산 양도 계약을 한 조직의 대표자로 구성된다.
위원회는 관장의 보고를 받아 에코뮈제의 예산을 심의하고, 운영과 관리를 감사한다.

제7조

어소시에이션의 규정을 바탕으로 운영회의는 상기 3개 위원회 대표자로 구성된다.

【 에코뮈제 관장 】

제8조

관장은 에코뮈제를 맡아서 관리하고, 그 유산의 연구, 보존, 활동에 항상 신경을 쓰며, 예산을 준비하고 집행한다. 관장은 3개 위원회에 출석하며, 발언권을 갖는다.
관장은 1945년 8월 31일 정령으로 제정된 조건하에서 통제박물관의 컨서베이터 유자격자 리스트 안에서 채용한다.
관장은 에코뮈제 소유자 조직의 규정에 따라서 제정된 절차를 통해 그 조직에 의해서 선발된다.
관장은 동 조건으로 채용된 보조연구원의 보좌를 받는다. 그 외의 인사도 에코뮈제의 관할이며, 그 권한 하에 있다. 그 규정은 피고용자 조직의 공통된 권리에 따른다.

【 문화청 관여 】

제9조

문화청의 프랑스 박물관국과 유산국은 서로 협력하고 관여한다. 또한 지역권 문화문제국이 관여한다. 이는 특히 다음과 같은 형태를 취한다.

프랑스 박물관국은 에코뮈제의 재산 보존과 전시를 학술적으로 감독하고, 다음과 같은 박물관 학적 활동의 실현을 위해서 학술적, 재정적 보조를 한다(특별전, 애니메이션, 복원, 구입, 카탈로그 작성). 프랑스 박물관국은 에코뮈제가 착수한 건물의 외장이나 내장의 정비 작업(개장, 현존하는 건물의 재정비, 확장, 건설)에 대해서 투자대출을 인정할 수 있다. 한편, 프랑스 박물관국은 에코뮈제의 일상활동(특히 인건비)에 대한 지원은 인정할 수 없다. 프랑스 박물관국은 1945년 8월 31일 정령으로 제정된 조건 하에서 에코뮈제 학술연구 스테프를 채용한다.

유산국은 프랑스 박물관국과 제휴하고 있는 민족유산회의의 제안을 바탕으로, 에코뮈제가 지역에서 주민의 실천, 지식, 사회조직, 장래에 대해서 시도하고 있는 연구와 에코뮈제에 관심을 환기시키기 위한 활동계획에 학술적, 재정적 지원을 한다.

유산국은 자연환경을 보호하고 보존하는 방법을 지시한다. 이 2개국의 활동과 병행하여 특별한 활동에 대해서는 문화발전위원회가 행정, 재정계획에 참여할 수 있다.

에코뮈제를 위한 국가적 지원은 참가할 수 있는 각 관청 간의 절차 틀 속에서, 다른 관청의 부문(통산성, 환경성, 대학, 농업성, 교육성, 국토정비개발국, 문화개입기금 등)에 똑같이 활용될 것이다.

1981년 3월 4일, 문화성. 마에다 치요(前田千世) 번역

자료4 에코뮤지엄 그것은 무엇을 의미하는가

- 에코뮤지엄은 광범위한 지역을 아우른다.
- 에코뮤지엄은 문화적 풍경 속에서 선택된 몇몇의 환경으로 이루어진다.

- 에코뮤지엄은 무엇이 어디에 어떻게 위치하고 있는가를, 원래 그것이 있었던 형태로 현장 설명을 한다.
- 에코뮤지엄은 무엇이 어디에 어떻게라는 것을 설명하는 데 열중한다.
- 에코뮤지엄은 보존, 복원, 재건 노력을 한다.
- 에코뮤지엄은 방문자를 문화유산에 쉽게 다가갈 수 있도록 노력한다.
- 에코뮤지엄은 문화와 관광의 상호작용에 기초를 마련한다.
- 에코뮤지엄은 이미 이전에 존재하고 있었던 것을 보호한다.
- 에코뮤지엄은 지방자치체, 비영리협회, 조직단체, 회사, 민간의 결속에 의한 노력으로 비롯된 것이다.
- 에코뮤지엄은 적극적이고 자발적인 노력에 의존하고 있다.
- 에코뮤지엄은 거의 알려져 있지 않은 특정지역을 여행자가 다가가기 쉽게 만드는 것을 목적으로 하고 있다.
- 에코뮤지엄은 지역 아이덴티티(정체성) 의식을 만들어 내려고 노력하고 있는 지역주민의 마음을 움직인다.
- 에코뮤지엄은 학교와 모든 차원의 교육에 대해 질문을 던진다.
- 에코뮤지엄은 계속 진화하는 과정에 있으며, 새로운 모습과 개선진보는 모두 장·단기에 상관없이 진화발전 프로그램에 따라 움직인다.
- 에코뮤지엄은 일반적인 것에서 특수한 것까지 전체를 보여주는 것을 목적으로 한다.
- 에코뮤지엄은 예술가, 장인, 작가, 배우, 음악가들과 서로 협력한다.
- 에코뮤지엄은 공부동아리라는 의미와 학술적 차원의 의미 양쪽 연구 모두를 촉진시킨다.
- 에코뮤지엄은 기술과 인간, 자연과 문화, 과거와 현재, 지금부터와 지금의 관계를 설명하는 것을 목적으로 한다.

베리스라겐 에코뮤지엄의 영어판 팸플릿(1995)의 설명. 필자 번역
※ 자료1~4는 일본어번역문을 역자가 한국어로 중역했다.

4. 필요한 세 가지 요소

[그림 1]은 앞에서 봤던 개념상 특징을 기존의 박물관이나 지역활동의 유사개념과의 관계를 통해서 필자 나름대로 정리한 것이다.

에코뮤지엄 이념에서 우선 중요한 특징은 어느 특정의 '영역'territory ='지역'을 중요한 대상으로 삼고 있다는 점이다. 이 특징에서 두 가지 측면을 생각할 수 있다. 하나는 지역사회·주민과의 일체화를 위한 '수단적 특징', 즉 '주민의 주체적 참가'이며, 다른 하나는 지역 내의 각종 유산의 보전을 위한 '형태적 특징', 즉 '유산의 현지보전'이다. '영역'이라는 기본 개념 아래에 양자를 겸비하고 통합화한 존재가 에코뮤지엄이라고 할 수 있다.

이와 같이 생각하면 그림과 같이

- H(heritage): 지역의 자연환경, 문화유산, 산업유산 등을 현지 보존하는 것
- P(participation): 주민의 미래를 위해서 주민 자신의 참가에 의한 관리운영
- M(museum): 박물관 활동

위 세 가지 요소가 균형이 잘 맞고, 일체적으로 밀접한 네트워크가 짜여 있는 것이 가장 이상적인 모습이다. 이것을 이상형으로 할 때, 일본에 있는 에코뮤지엄 중에는 현재 이 세 가지 요소들이 각각 힘을 발휘하고, 대등한 관계로 상호 협력하고 있는 실제 사례는 부족하다는 결론에 이른다.

예컨대 H(유산보전)와 P(주민참여)가 교차하는 부분에는 각지에서 마을의 땅과 마을의 산을 지키려고 하는 운동이 있거나, 역사적인 마을모습을 주민들이 보전하려는 운동 등이 있다. 이 지역들에서 박물관학 museology 으로서의 활동이 더해지면 바로 에코뮤지엄이 될 수 있다.

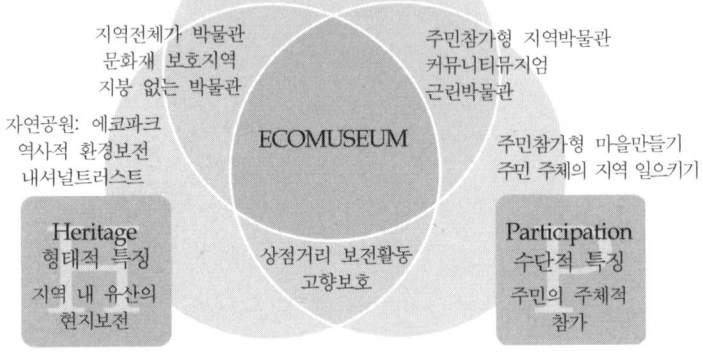

[그림 1] 에코뮤지엄 개념
(大原一興, 1996, 1997 가필)

또한 P(주민참여)와 M(박물관활동)이 교차하는 부분에는 지역주민의 아이덴티티를 확인하기 위한 박물관 활동을 적극적으로 시행하여 주민참가에 의한 조사, 전시 등을 시도하고 있는 박물관의 실제 사례가 있다. 이 활동이 지역의 자연과 문화유산 등의 현지보전활동과 결합하면 에코뮤지엄이라고 할 수 있다.

또한 M(박물관활동)과 H(유산보전)의 교차부분에는 지역에 점재하는 작은 역사유산이나 공장, 박물관 등의 네트워크를 짜고 있는 지역도 있다. 이미 에코뮤지엄의 전형적인 형태는 갖추어져 있는 것이므로, 각각 점재하는 사이트 site를 주민참가에 의해서 운영하고 관리해 가면 된다.

5. 다양한 해석

에코뮤지엄을 알기 쉽게 정의하거나 해설하는 것은 어느 시대에도 곤란한 것이었다. 그동안 개념을 설명하기 위해 여러 가지 도식화를 시도해왔다.
 우선 에코뮤지엄이라는 말의 시초는 프랑스 박물관학 안에서 생겨난 것이므로, 종래의 일반적인 박물관과 에코뮤지엄을 비교하여 설명하면 이해하기 쉬울 것이라고 생각된다. 그래서 박물관 활동의 세 가지 요소, 즉 ① 활동이 이루어지는 장소·용기·구조(스케일), ② 활동 대상·내용, ③ 그것에 관련된 인간·박물관 활동 주체와 객체에 대한 각각의 차이를 보면 다음과 같이 된다.[6]

                    [장소] + [내용·대상] + [사람]
  종래형 박물관 = [건물] + [수집품] + [전문가+공중]
  에코뮤지엄 =   [영역] + [유산+기억] + [주민]

즉 종래형처럼 박물관 건물 내에 어느 장소를 한정하지 않고, 어떤 지역의 일정한 '영역'에 점재하는 [유산]이나 무형의 [기억]을 대상으로 한다. 종래형 박물관에서는 [전문가]와 [공중]의 양자가 맡았던 역할을 에코뮤지엄에서는 지역 [주민]이 맡는다는 것이다. 이 개념을 좀 더 이해하기 쉽게 그림으로 만든 것이 [그림 2]이다.
 에코뮤지엄은 지역환경 전체를 박물관으로 진단한 것이므로, 지역 '환경'의 총체를 표현하는 것과 마찬가지로 정의를 한마디로 내릴 수는 없다. 몇몇 요소가 균형을 맞춰서 기능하여 종합화된 전체가 에코뮤지엄이라고 할 수 있다.

---

[6] 에코뮈제 용어의 명명자인 H.바린이 제창했던 세 가지 요소를 바탕으로, R.리비에르가 각각의 세 번째 요소를 더해서 설명한 것이다(R.Rivard, 1984).

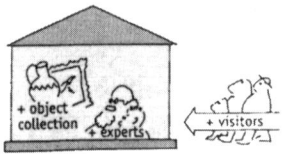
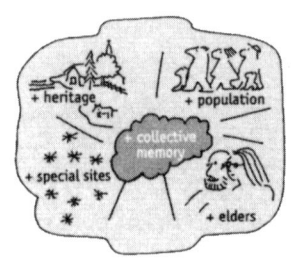

기존형 박물관	= 건물+수집품+전문가
에코뮤지엄	= 영역+유산+지역특성+연장자+지역주민+기업수집

[그림 2] 종래 박물관과 에코뮤지엄(R. Rivard, 1984)

에코뮤지엄은 에콜로지의 박물관 museums of ecology(에콜로지 시스템 등을 대상으로 한 박물관, 과학관이나 자연사박물관 등에서 볼 수 있는 것)이 아니다. 에코뮤지엄은 미술관=미술박물관, 자연사박물관=자연지自然誌 박물관, 역사박물관 등의 박물관 카테고리를 나타낸 것이 아니다. 또한 생태학 박물관 ecological museums(생태공원 등 그 자체가 생태계를 표현하는 것으로서 보존대상이 된 것, 자연 또는 문화 보호지역에서 외부방문자를 위해서 있는 것)도 아니다. 그 어느 쪽도 다른 것으로써 설명된다.[7] 이 두 개는 에코뮤지엄에 포함되어, 그 일부를 이룰 수는 있어도 역으로는 성립하지 않는다. 에코뮤지엄의 특징은 지역환경을 대상으로 함으로써 매우 통합적, 학제적이며, 거기에 추가하여 지역주민이 에코시스템의 일원으로서 박물관 활동 속에 편입된다는 점에 있다.

---

[7] Rivard, 1984

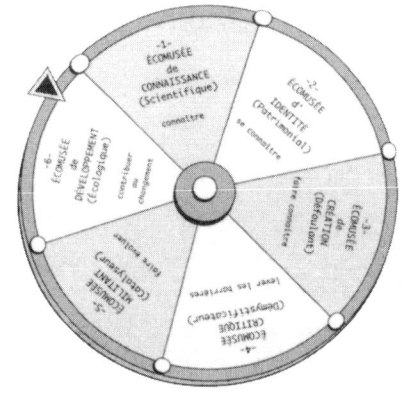

1. 지식의 에코뮈제
   (과학적으로) 「안다」
2. 아이덴티티의 에코뮈제
   (유산계승적으로) 「스스로를 안다」
3. 창조의 에코뮈제
   (탈억압) 「앎을 행하다」
4. 비평하는 에코뮈제
   (탈기만) 「장벽을 제거하다」
5. 싸우는 에코뮈제
   (촉매) 「진화시킨다」
6. 발전의 에코뮈제
   (에콜로지적) 「변혁에 공헌한다」

[그림 3] 에코뮈제의 순환적 발전의 룰렛(P.Mayrand, 1994)

[그림 3]에서는 에코뮤지엄이 운동론적으로 파악되어, 동적인 운동을 반복하면서 발전하는 것으로 되어 있다. 작성자인 캐나다의 에코뮤지엄 학자인 P. 메이랜드Pierre Mayrand에게 물어본 결과, 그의 견해로는 프랑스의 많은 에코뮈제가 지금에야 그림 속의 2나 3의 단계에 머무르고 있다고 했다. 그리고 에코뮤지엄을 앎으로써 생각하는 것에 그치지 않고, 거기에 행동함으로써 스스로 지역을 만들어 나가는 역할이야말로 중요하다고 지적하였다.[8] 이 점에서도 에코뮤지엄은 과거의 유물을 보관하는 장소가 아니라, 미래의 지역을 만들어 나가는 살아있는 박물관이라고 할 수 있다.

[그림 4]와 [그림 5]는 형태로서의 조직과 구조를 나타낸 그림이다.

[그림 4]는 일본에 정착하고 있는 모델인데, 코어박물관core museum이 중심이며, 새틀라이트satellite로 불리는 주변시설이 지역 내에 점재하고 있는

---

[8] 1997년 11월 몬트리올에서 들은 내용

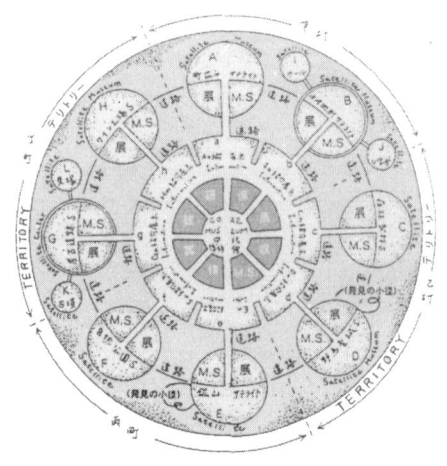

[그림 4] 에코뮤지엄 개념도(新井重三, 1989)
'생활·환경박물관'—생활과 환경을 보호하고 육성하는 박물관

모습을 알기 쉽게 나타내고 있다. 새틀라이트란 프랑스에서 안테나로 불리는 미시적 지역 특성을 나타내는 것과 거의 같이 쓰이고 있다. 하나의 지역 속에는 인간과 환경의 관계를 표현하는 갖가지 산업유산, 자연유산, 문화유산 등이 있는데, 그 유산들을 배우는 분관적인 기능을 프랑스에서는 안테나로 칭하는 경우가 많다. 그러나 그것은 다른 에코뮤지엄에서는 사이트 site, 방문지점 visiting place(스웨덴어로 besöksplats), 부분(노르웨이어로 avdeling), 환경(스웨덴어로 milijö) 등 갖가지 명칭을 갖고 있다.

[그림 5]는 프랑스의 선진적인 에코뮤지엄, 크뢰조 몽소 레민 에코뮈제의 예인데 본부와 안테나의 상하관계를 불식하고, 운영조직 간의 대등한 관계를 구축해 왔다. 지금은 각각을 안테나로 부르지 않고, 예컨대 '운하 박물관', '학교 박물관'과 같이 고유명사로 부른다.

일본에서 널리 사용되고 있는 '새틀라이트'라는 말에는 '안테나' 이상으로

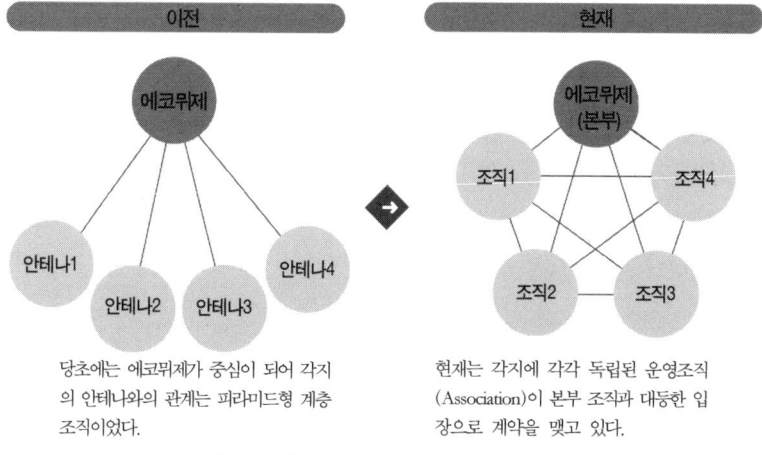

[그림 5] 크뢰즈 몽소 레민 에코뮈제의 조직관계도
(P. Notegem의 스케치에 의함, 1996)

피라미드형 계층구조를 느끼게 하는 어감이 있다. 또한 실제로는 중심이 되는 박물관 시설을 갖추지 않는 에코뮤지엄 쪽이 해외에는 오히려 많다. 금후 일본에서는 주종적인 모델에 얽매이지 않고, 각각의 자립된 운영조직 네트워크를 향해서 에코뮤지엄 용어도 재고할 필요가 있다. 원래 에코뮤지엄은 형태를 불문한다. 에코뮤지엄 개념의 발안자이고 추진자인 리비에르가 "에코뮤지엄은 보호되거나 보증을 받는 것이 아니다. 달성하는 것이다"라고 말하듯이[9] 권위로부터 자유로운 입장에서 지역에 맞는 자유로운 발상 아래에서 실천하는 동안에 형태는 저절로 나타나는 것이다.

---

[9] 르몽드지의 인터뷰에 응하여 말한 내용. Rivière, 1979

에코뮤지엄의 에콜로지의 개념

1. 에콜로지의 기원

원래 에콜로지란 말은 많은 서적에서 소개하듯이 독일 태생의 생물학자·의학자·철학자인 헤켈 Ernst Haeckel(1834~1909)이 1868~70년경에 명명했다고 알려져 있으며, 그 정확한 시기는 통상 1873년이라고 되어 있다.[10] 공표된 기록으로는 1899년에 발행된 《유기체의 일반형태학》 속에서 처음으로 쓰였다.[11]

헤켈은 환경 속에서 생물을 연구하는 새로운 과학을 제창했고, 그것을 그리스어인 오이코스 oikos를 어원으로 한 오에콜로기 Oekology라는 말로 고안해 내었다. 유기체와 그것을 둘러싼 환경 전체의 '복잡한 관계'에 관한 연구의 중요성을 시사한 명명이었다. 그러나 그 후에 헤켈 자신은 계통발생론 연구를

---

[10] OED에 의한다. 그러나 Worster, *Nature's Economy*, p.192에는 1866년이라고 되어 있다. 이 점에 대한 해설은 브람웰(1992)에 상세히 나와 있다.

[11] Stauffer, 1957

중심으로 시행하여 에콜로지 연구는 오히려 다른 사람에게 넘겼다고 알려져 있다.[12]

한편 에콜로지라는 말은 『월든: 숲 속의 생활』의 저자로 고대 그리스어에 정통했던 미국인 작가 H. D. 소로 Henry David Thoreau가 1858년에 개인적으로 쓴 편지에서 헥켈에 앞서 사용했다는 점이 나중에 밝혀졌다. 소로는 이때 이 말을 식물학과의 관련 및 식물과학이나 지질과학을 지시하는 맥락에서 사용했다. 편지는 1958년까지 공표되지 않았다. 1990년 매킨토시 McIntosh는 『누가 생태학 창시자인가』에서, 당시 일반인에게는 과학자보다는 자연관찰자로서 소로가 명명자로서 받아들여지기 쉬웠던 것이 아닐까라고 추측하고 있는데, 그러나 본래 에콜로지의 명명자로는 헥켈을 들고 있다.[13]

2. 엘렌 리차드와 에콜로지

헥켈이 에콜로지 탄생의 부모이며, 아버지라고 한다면 미국인인 여성화학자 엘렌 리차드 Ellen H. Richards(1842-1911)가 에콜로지 개념 혹은 에콜로지 사상의 창시자로서 에콜로지 육성의 부모이며, 어머니라고 평가된다고 할 수 있을 것이다.

리차드는 'Home Oekology'라고 하여 헥켈의 에콜로지 사상을 바탕으로

---

[12] 브람웰, 1992
그리스어에는 경제학(영어의 economy)을 나타내는 oekonomie라는 말이 이미 있었기 때문에, 에코노미는 헥켈과는 무관하며, 물론 에콜로지와 에코노미는 동시에 생겨난 것은 아니다. 이 점에서 일본에서 에코뮤지엄의 어원에 대해서 자주 언급되듯이 에콜로지와 에코노미가 동격개념이었다고 할 수 없다.

[13] 브람웰, 1992

한 '환경생활학'Home Oekology, Human Ecology을 구상하고, 1892년 11월 30일 관계자 회합을 통해 정식으로 'Oekology'를 명명하고, 이 학문의 장래에 대한 의의와 중요성에 대해서 말했다. 인간과 환경의 상호작용 연구로서 환경생활과학을 제창한 것이다. 이 날에 명명된 'Oekology'는 후에 'Oecology'로 바뀌고, 15년 후에는 현재 사용하는 'Ecology'가 되었다.

그녀가 에콜로지라는 말과 처음 만난 것은 헥켈의 명명 후였는데, 그녀 자신이 그리스어의 어원인 오이코스를 재고하여 새로운 의미를 만들어낸 것이었다.

이것에 관련된 그리스어 용법은 다음과 같이 정리된다.[14]

- oikos=house, family, household, domestic, affair, etc.
- oikkeo=to live, inhabit
- oikonomos=manager
- oikonomia=management

또한 'Oik'은 '집', 'Oek'은 '모든 사람의 집 = 환경'을 나타낸다. 단순한 하나의 '집'이 아닌 '모든 사람의 집'이라는 표현에서 리차드는 사회적 의미를 찾아낸 것이다.

그러나 매킨토시는 리차드의 명명에 대해서 "이러한 시작에도 불구하고 그 후 새로운 과학분야와 깊게 결부되지는 못했다"고 평가해 그 의의를 인정하면서도 명명 후 일반적으로 보급되지 못한 운명을 지적했다. 이와 같이 인간사회의 여러 관계를 포함한 에콜로지 개념은 잠시 동안 시민권을 얻을 수 없었다.[15]

---

[14] 今井, 1990, p.37 A Greek-English Lexicon에 따름.
[15] 매킨토시, 1989, 일본어 역, p.39

생물학의 한 분야라는 평가로 널리 침투되었다. 당시 그녀의 명명은 일반적으로 별로 인식되지 않았던 환경문제의 중요성이 현대사회에서는 증대될 것이라는 예견이 적중한 것이라고 생각할 수 있다. 그러나 문제로 삼은 시기가 너무 빨랐다.

3. 휴먼 에콜로지

리차드가 제창한 휴먼 에콜로지 혹은 홈 에콜로지라는 말이 일반적으로 이해하기 어렵기 때문에 1898년에는 이를 보급하기 위한 전략으로서 기존의 학문적 위치를 확보할 수 있는 홈 에코노믹스 Home Economics (일본에서는 일반적으로 가정학을 가리킴) 분야를 확립하게 되었다. 이것은 M. 듀이의 권장에 의한 것으로 알려져 있다. 그러나 역으로 최근 북미에서는 학부의 명칭을 홈 에코노믹스에서 휴먼 에콜로지로 개칭하는 대학도 있다.[16]

그녀는 1904년 레이크프라싯드 회의에서 우생학 Eugenics 에 대해서 우경학(생활개선학) Euthenics 을 제창하고, 1910년에는 저서로 출판했다. 이와 같이 차례차례 명칭을 고안하여 학문 분야의 확립과 세론의 주의를 환기시키려고 했지만, 유감스럽게도 현실적으로는 어느 명칭도 보급되지 않았다.

그녀는 환경생활학적 사고방식의 연장선상에서 '풍부한 생활보다도 바른 생활'을 주창하는 등 생명, 건강, 안전 등 '생활의 가치'라는 '의사 意思'를 포함하는 윤리적인 것으로서 일관되게 이 과학 영역의 중요성을 호소했다.[17]

그녀에게 에콜로지는 '협동적인 집의 관리'학으로 거기에 사는 모든 사람의

---

[16] 今井, 1990
[17] 1904, The Art of Right Living

에콜로지 명명에 관한 연표

1858	소로: 개인 서간문 중에서 동식물의 거주지를 가리키는 의미로 "ecology" 사용
1869~1873	헥켈: 조어 「에콜로기」……생물을 그 환경 속에서 연구하는 과학
1892.11.30	리차드: 에콜로지 "Oekology" 명명식
1898	리차드: 에콜로지를 홈 에코노믹스로 변경 (국민교육에서 강연)
1907	리차드: "ecology"로 철자를 개정 ("Oekology"에서 "Oecology"를 거쳐서) "human ecology"를 제창
1916	미국에서 에콜로지 학회 발족
1919	미국의 에콜로지 학회지명을 *Plant World*에서 *Ecology*로 개칭

힘에 의해서 더 나은 환경을 만들어 나가기 위한 원리의 학문이라고 할 수 있다.

미국에서는 그 후 가정학을 표현하는 말로도 사용되고 있는데, 미국의 도시사회학의 한 기초를 이루는 시카고학파의 매켄지Mackenzie는 휴먼 에콜로지를 "인간이 도태적, 분포적, 적응적 여러 힘에 의해서 영향 받는 공간적, 시간적인 관계"라고 정의하고 있다.[18] 식물과 동물이라는 생물생태학의 유추를 인간생활에 의해 형성되는 커뮤니티에 적용시키고, 인간의 생태학적인 영위를 해명하는 관점이다. 계속하여 "인간생태학은 시간과 공간에 있어서의 위치 position가 인간의 제도와 행동에 미치는 영향에 기본적인 관심을 보이고 있다"고 하였다. 시간, 공간의 자리매김은 리비에르의 에코뮈제의 '발전적 정의'에서도 볼 수 있다. 즉 어떤 특정한 커뮤니티라는 환경에서 인간개체의 아이덴티티를 자리매김하고, 그것을 대상으로 고찰한다는 점에서 두 사람의 공통된 시각을 찾아볼 수 있다.

---

[18] 매켄지, 1925. 일본어 역, 1972, p.65

4. 프랑스의 에콜로지 운동(에콜로지와 에콜로지즘)

에코뮤지엄의 탄생에는 프랑스의 1970년 전후 에콜로지 사상에 의한 영향이 크다고 알려져 있다. 여기에서 프랑스의 에콜로지 사상에 대해 살펴보도록 하겠다.

시모네에 의하면 프랑스의 에콜로지 운동의 홍성에는 여러 가지 요인이 있으며, 다음과 같은 발전 경위를 거치고 있다고 한다.[19]

그것은 1968년 5월 변혁 운동이나 일상생활에 대한 비판 등의 항의에서 시작되어 미래학자 헉슬리나 일리치와 같은 지식인의 공헌과 루소에게 기원을 둔 자연보호사상과 반공해운동과 같은 환경보호, 자연건강법이나 동양의학과 같은 자연적인 것에 대한 옹호, 원자력발전소 문제와 같은 핵문제와 같은 기폭제 등을 배경으로 전개해 왔다고 한다. 시모네는 그의 저서에서 1979년까지의 전개를 네 시기로 정리하고 있다.

- 잉태기(1969~73년): 여러 가지 조류는 상호 무관심.
- 정보교류기(1974~76년): 반핵운동의 정보교류와 연대.
- 확립기(1977~78년): 정치에 등장. 파리에서는 에콜로지스트의 득표율이 10%가 된다.
- 성숙 또는 분해기(1979~): 방황하는 행동의 시기에 접어든다.

프랑스에서의 에코뮈제의 초기 전개는 에콜로지 운동의 발전과 함께 생각하면 이해하기 쉽다.

즉 개개의 지역에서 시도가 이루어진 초창기(제1세대라고 일컬어지는 자연공원

---

[19] 시모네, 일본어 역, 1980

형 에코뮈제의 설립), 1970년대 전반부터 도시 코뮌들끼리 공동체로서의 연대를 도모하는 제2세대 시기(1974년 설립 크뢰조 몽소 레민 에코뮈제가 대표적) 그리고 어소시에이션에 의한 제3세대의 난립기(위베르에 의하면 정확히 1977년경)에 각각 대응하고 있다[→p.56].[20]

프랑스에서의 에콜로지 이론은 문화적, 사회적, 운동적, 정치적인 맥락에서 이해된다. 시모네는 "어원적으로 에콜로지란 '서식지의 과학', 즉 생물과 그 환경의 상호작용을 연구하는 생물학의 한 분야이다. (중략) 그러나 이데올로기화 하는 것이 에콜로지의 귀결이었다. (중략) 어찌되었든 에콜로지는 하나의 사상조류와 사회·정치운동의 형성에 공헌했다"[21]라고 말하고 있다.

또한 에콜로지즘 Ecologism 을 "에콜로지적 감수성의 표현을 발전적으로 통합한 것이다. 이 이데올로기의 윤곽이 분명하지 않다면, 그것은 또 계속 유동적일 수밖에 없다"[22]라고 말하고 있다. 이 말에서는 에코뮤지엄의 '발전적 정의'를 시도한 리비에르의 감성과 비슷한 것을 읽어낼 수 있지 않을까. 프랑스의 에콜로지 혹은 에콜로지 운동에 관련된 공통적 시선을 거기에서 볼 수 있다.

에코뮤지엄은 학제적인 실천의 이론이다. 그것은 생태학 학문으로서의 에콜로지 그 자체가 아니라 오히려 에콜로지 운동의 기초가 되는 에콜로지 사상으로서의 에콜로지즘 입장이 에코뮤지엄에서의 '에코'의 의미를 좀 더 명확히 표현하고 있다고 생각된다.

---

[20] Hubert, 1985 외
[21] 시모네, 앞의 책, p.6
[22] 시모네, 앞의 책, p.10

5. 에콜로지즘과 환경주의

에콜로지 사상이라고 불리는 운동이 유럽에서는 에콜로지즘, 북미에서는 환경주의 environmentalism라고 불린다. 그 차이는 전자가 좀 더 정치적이라고 알려져 있다.[23]

그 기초가 전혀 다르다는 의견도 있다.[24] 자본주의에 의해 발전한 경제적 합리주의로부터의 해방을 원하는 것이 유럽형 에콜로지즘이지만, 이것은 영역의 확대, 자본의 증가라는 경제원리의 토대를 무너뜨릴 수는 없었다. 또 다른 한쪽 북미의 환경주의자라고 일컬어지는 에콜로지스트들은 자본주의를 부정하는 쪽을 향하지 않고, "더 적은 것은 더 좋은 것이다"less but better를 표어로 삼은 패러다임 시프트(발상의 전환)를 추구했다. 즉 생활환경권역 sphere의 축소를 목적으로 한다.

또한 박물관에 있어서의 환경주의를 논의한 1992년의 심포지엄에서는 환경주의의 관점에서 에코뮤지엄의 주요한 방향성에 대해서 다음 네 가지를 들고 있다.[25]

① 주민을 둘러싸고 있는 점. 마케팅이 통하는 방법이 완전히 다르다.
② 시간과 공간으로의 지각·이해·주목을 상호 간에 일으키는 점. 리비에르가 시간과 공간의 박물관으로서 에코뮤지엄 개념을 발전시켰다는 점을 중시하고 있다.
③ 발전·개발에 대한 반성적 참가가 이루어지는 점. 한 사람의 개인이나 주민을

---

[23] Davallon, et al., 1992
[24] Gorz, 1990
[25] Duclos, 1992

지원함으로써 뮤지엄은 그 창조적 가능성에 자극을 주고, 사람은 미래를 보다 잘 조정해 가는 점을 배운다.

④학제적인 실천이라는 점. 인간과 환경에 관한 연구가 전 세계로 전달되기 위해서는 다양한 과학적 이론의 방법과 결과의 상호교류·연대·통합이 요구되고 있다.

또한 같은 심포지엄에서 노르웨이의 강연자는 '문화생태학'cultural ecology 이라는 말을 소개하였다.[26]

6. 에콜로지의 두 가지 흐름과 에코뮤지엄

지금까지 본 것을 정리하면, 우선 에콜로지라는 명칭이 포함하는 의미는 헥켈과 리차드의 두 가지 흐름이 있다.

헥켈의 '오에콜로기'는 '생물학적 생태학'이라고 할 수 있으며, 자연 대상의 '객체적 과학 생물학'이라고 할 수 있다. 이에 반해 리차드의 '에콜로지'는 '사회학적 생태학'이라고 할 수 있는 것이므로 자연환경과 공생할 수 있는 생활·경제·사회의 형성을 목표로 민중의 생활의 장으로부터 여러 학문을 통합해 가는 것이며, 주체적 과학에서 사회적 운동으로의 전개를 포함하는 개념이다.

여기에서 에코뮤지엄의 어원적 의미를 생각하면, 그 명명자인 위그드 바린 보앙Hugues de Varine Bohan에 의한 해석[27]에서나 리비에르가 상정한 '집의 박물

---

[26] Stififelsen, Norsklandbruks, 1992
[27] Varine, 1978

관'으로서의 인간생활과 환경의 관계를 파악하는 개념에 있어서나 어느 쪽인가 하면 리차드가 제창한 인간의 사회적 영위를 포함한 개념으로서의 에콜로지(휴먼 에콜로지)를 중시한 것이었다. 에콜로지라는 말은 그리스어를 어원으로 갖고 있는, 그 최초의 명명자로 일컬어지는 헥켈의 생물생태학 개념에 얽매여 있지 않다고 할 수 있다.

실제의 에코뮤지엄의 전개에 대해서는 휴먼 에콜로지(인간생태학)뿐만 아니라 컬처럴 에콜로지(문화생태학)로서 파악할 수 있는 시각도 등장하였다. 이 점들로부터 F. 과타리 Félix Guattari가 제창하는 환경 에콜로지, 사회 에콜로지, 정신 에콜로지라는 세 가지 에콜로지 중 인간의 주관성에 관계되는 '정신 에콜로지' 분야에도 에코뮤지엄이 문화생태학적으로 관여해야 하는 것으로 파악되었다고 할 수 있다.[28]

또한 리차드는 에콜로지에 대한 20세기 초의 세계적인 이해가 생물학을 주로 하여 진행되어 감에 따라 본래 추구해야 할 길을 다 감당할 수 없는 이 용어를 애써 피하게 되었다. 그래서 할 수 없이 홈 에코노믹스에 포함시키거나 유세닉스 euthenics(환경우생학)나 인바이런멘털컬처 environmental culture(환경친화적 문화) 등의 말을 차례차례 창출하여 이 개념의 설명을 시도했는데, 그 어느 것도 정착되는 일은 없었다. 그러나 그 어떤 개념도 무관하지 않은 것이 장래의 전 환경을 인간이 스스로 좀 더 좋은 것으로 조정하고, 바르게 창조해 간다는 방향성과 실천성을 포함하고 있다.

리차드가 지향하는 휴먼 에콜로지의 입장에 서거나 혹은 에콜로지의 숙명으로서의 에콜로지즘이나 환경주의의 운동적 측면을 중시하면, 우리는 에코뮤지엄의 활동을 통해 인간생활의 환경에 대해 작용하고, 더 나은 환경을 구축한다는 의의를 찾아내야 한다.

---

[28] Guattari, 1989

프랑스 에코뮤제의 탄생과 성립

시대배경

에코뮤지엄 이념은 1960년대 말 프랑스에서 탄생했는데, 그 배경을 아는 것이 에코뮤지엄을 이해하는 데 도움이 된다.

1960년대 후반 프랑스는 도시로 인구가 유입되면서 급격히 도시화되고 한편으로는 농촌의 과소화가 가속되었다. 중앙집권정치의 부정, 인간의 존재 자체에 대한 반문 등 급진적인 사상운동이 일어난 시기이기도 하다. 1968년 5월에는 학생들에 의한 '이의제기', 이른바 5월혁명이 일어나기도 했다.

이 시대에는 창조와 파괴가 반복되는 가운데 장래 아이들의 희망을 위한 환경유산의 보전의식, 도시와 농촌의 양호한 균형관계를 유지하기 위한 지방분권에 대한 지지와 기대의식이 사람들 사이에서 높아져 갔다. 그리고 지방분권화 정책 시도 중 하나로 1967년에 성립된 지방자연공원법에 의한 지방자연공원 Parcs naturels régionaux의 정비와 일체적으로 에코뮈제가 전개되었다고 알려져 있다.[1] 그 정비에는 공원 내의 역사적 건조물 등의 보존도 포함되어 있다.

---

[1] Hubert, 1985 외

이러한 점에서 에코뮤지엄은 처음에는 반중앙집권·지방분권·지역주의 입장에 설 것, 다음으로 주민의 주체적 활동을 중시할 것의 혁신적인이상을 가지고 전개한 것이며, 그 발상은 박물관학에서 시작된 것인데 지방자연공원의 법적 정비의 기회를 얻어서 실현해 간 것으로 이해할 수 있다.

프랑스 에코뮈제 탄생과정 [2]

1. 지방의 건축유산 보호

1930년대에 파리 인류박물관 관장이었던 폴 리베Paul River를 중심으로 프랑스 민중문화재생운동이 일어났는데, 리비에르는 이 그룹의 일원이었다.

제2차 세계대전 후, 리비에르는 프랑스 건축유산을 보존할 필요성을 통감했다. 왜냐하면 그는 "사회는 건축물에 의해서 여실히 표현된다"고 생각했기 때문이다.

이러한 인식은 북유럽 야외박물관, 특히 스톡홀름 스칸센 야외박물관을 통해 더욱 강화되었다. 스칸센 야외박물관은 건축물 및 거기에 전개되는 생활 일부를 떼어내어 전시관에 넣은 '물건'으로서가 아닌 환경 전체를 구성하여 전시하고, 게다가 지역전통복장을 입은 스태프들이 동적인 생활복원을 하고

---

[2] 이 장은 알랭 쥬베르에 의한 해설강연을 기초로 작성하였다. Joubert, 1996

[좌] 스칸센 야외박물관의 생활복원전시. 당시 의상을 입은 스태프가 실제 재연하고 해설.
[우] A.T.P에서 생활공간 전체를 하나로 모아서 종합적으로 전시하는 수법.

있었던 것이다.³ 스칸센의 이러한 전시기법은 전 세계, 특히 북아메리카에 강하게 영향을 주어 리빙 히스토리 무브먼트 living history movement(생활사복원운동)로 전개되었다.

리비에르는 후에 프랑스 민중예술 박물관(현재 파리에 있는 '국립 민중예술과 전통의 박물관' A.T.P Musée National des Arts et Traditions Populaires에 해당)의 설립에 힘을 다했는데, 여기에는 생활을 가옥공간 전체로 전시하는 수법을 도입했다. 이 사상은 브르타뉴 Bretagne, 아키텐 Aquitaine, 사브와 savoie, 도피노와 dauphinois 등의 각 지방박물관에서 이어받아 각각 전통적인 가옥 보존에 힘을 쏟고 있다.

이 시기에 프랑스 지방유산의 대표적인 가옥유형은 130종이 있었다고 한다.⁴ 건축물 연구는 프랑스의 여러 지방에 대한 민족학 연구에 있어서 매우 중요한 발전 기회가 되고, 중요한 자료를 수집하는 것도 가능해져서 이 자료들은 '국립 민중예술과 전통의 박물관'에 모아졌다.

---

³ Engström, 1985; Hubert, 1985
⁴ Joubert, 1996

2. 지방 관광과의 관계

프랑스에서는 중앙집권의 분산화를 의도하여 1963년부터 국토정비정책이 시행되었다. 이 무렵부터 민간기업에서는 4주간의 휴가제도가 보급되기 시작했고, 이것이 지방의 관광산업 발전에 크게 기여했다.

국토정비와 지방활성화 담당장관인 올리비에 기샤르 Olivier Guichard를 중심으로 1966년 루르지방에서 열린 연구회에서 '지방자연공원'이라는 구상이 고안되었다. '지방자연공원'은 지방에서는 관광에 의한 활성화의 장 또는 도시에 가까운 곳에 있을 것이 요구되었다.

이 연구회에 참가하고 있던 리비에르는 농촌건축을 보존하는 몇몇 방법을 제안하고, 그것을 이 '지방자연공원'에 적용시켜 보려고 했다. 이때의 사고방식은 일군의 민가를 가구가 있으면 그것을 포함해 현지에서 보전하는 것이었다. 그렇게 해서 북유럽에 있는 야외박물관 같은 것을 만드는 것, 다시 말하면 공원의 박물관화를 위한 구상을 기초로 하고 있었다.

3. 1968년 5월

1960년대 후반은 프랑스에서 1968년에 있었던 5월혁명에서 상징되듯이 정치적, 사회적, 문화적인 정신 고양의 시대였다.[5] 이 사회혁명운동 속에서 에콜로지즘 및 에콜로지의 개념이 1970년대에 퍼졌다. 일반적으로도 프랑스에서의 5월혁명의 사상적 영향은 매우 크며, 예컨대 에비사카 海老坂는 '미셸 푸코류로 말하면'이라는 양해를 구한 뒤에 현대 프랑스 사회의 사상이나 모든 사건은

---

[5] Reader, 1987 외

1968년 5월이라는 '큰 이야기'의 '주석'에 지나지 않는다는 견해를 보이고 있다.[6]

에코뮈제오로지 개념의 발상에 관련된 여러 논자의 언설을 보면, 에코뮈제라는 개념의 발족도 예외 없이 이 5월혁명의 산물이었던 것 같다.[7] 에코뮈제도 1968년 5월이라는 큰 이야기 속의 주석에 지나지 않는 것이다.

1960년대 후반 도시 인구집중, 정신적 황폐, 아이덴티티 상실 등에 따른 부정적인 상황 속에서 사람들은 사회변혁을 요구하는 사상적 운동에 사로잡혀 그 큰 하나의 흐름은 무엇보다도 각각의 지역환경에 밀착하여 살고, 그것을 이해하는 것을 지향하게 되었다.

4. 지방분권화의 동향

프랑스에는 규모가 다른 약 3만 6천 개의 코뮌 commune(행정구역)이 있다. 작은 것은 인구 20명 정도, 큰 것은 수백만 명 규모에 이른다고 한다. 코뮌은 수장과 의회에 의해서 움직이고 있지만, 작은 코뮌은 단독으로는 재정력이 약하기 때문에 재편성이나 합병에 의해서 자치체의 시책을 진행시켜 왔다.

특히 1960년대 말에는 코뮌 몇몇이 모여 연합조합이나 도시공동체로 합치도록 행정정책이 취해졌다. 그것에 의해서 공공교통, 도로, 쓰레기수거, 스포츠 시설, 문화·관광시설 같은 공공서비스 등 단독 코뮌에서는 못하는 것을 광역으로 시행했다.

---

[6] 海老坂, 1984

[7] 예컨대, Hubert, 1989, 1997 ; 이와하시(岩橋), 1997 등

에코뮈제의 탄생

그 말을 처음 썼던 바린에 의하면, 에코뮈제라는 말은 1971년 봄, 파리 시내의 세규 거리의 레스토랑 '라 플랑베'La Flanbée에서 그를 포함한 세 사람이 점심식사를 할 때 생겨났다고 한다.[8]

다른 두 사람은 개념의 고안자이며 추진자인 리비에르와 S. 앙투안Serge Antoine(환경청 고문)이다. 리비에르는 1965년까지 ICOM 초대 디렉터였고, 이어 바린이 1965~74년에 역임했다.

당시 ICOM의 디렉터인 바린은 1971년 9월에 파리와 다종과 그르노블에서 열리는 ICOM 제9회 회의의 테마로 '박물관과 환경'을 채택하고 싶다고 했고, 그 운영에 관해서 상담을 하고 있었다. 그 자리에서 논의된 것은 박물관에 새로운 시각이 필요하다는 것으로 다음 해(1972년)의 스톡홀름 유엔인간환경회의에서 그 중요성이 공식적으로 확인될 것이라는 인식을 기반으로 하여 박물관과 환경이라는 테마의 중요성이 강조되었다.

---

[8] Varine, 1978, p.29

바린은 에콜로지와 뮤지엄을 어떻게든 합성시키려고 몇몇 용어를 찾아본 결과, 에코뮤지엄이라는 말을 창안해 낸 것이었다. 앙투안은 바로 그 자리에서 환경청의 공식적인 메시지로 제창할 것을 생각해냈다. 그 결과 9월 3일 디종에서의 ICOM총회 석상에서 환경장관인 로베르 푸자드 Robert Poujade 에 의해 약 500명의 박물관 학자들 앞에서 이 말이 세례를 받은 것이었다.[9]

1971년의 제9회 ICOM총회에서는 소비에트연방, 독일, 베냉, 프랑스, 멕시코의 기조강연이 있었고, ICOM의 재편이 제안되어 연구와 환경보호에 대한 박물관의 역할에 더욱 주의를 기울여야 한다는 통일된 견해가 나왔다. 이 회의에서는 많은 박물관 관계자의 발안이 있었고, 에코뮤지엄이라는 말이 발명되고 많은 논쟁적인 이념이 소개되었는데, 그 문제의식은 1972년 9월 25~30일, 보르도에서의 ICOM심포지엄 '박물관과 환경'으로 지속되었다.

---

[9] 위베르는 에코뮈제의 역사를 기술하는 가운데 이 회의가 그르노블에서 열렸다고 소개하고 있지만(1985년 외), 바린에 의하면 에코뮈제라는 말이 제창된 것은 디종에서였던 것 같다. 파리에서 그르노블로 이동하는 도중의 점심식사회장이 디종이었다. 한편, 푸자드는 디종의 시장이었다.

프랑스의 에코뮈제 분류

1. 성립기반에 의한 3세대

위베르는 성립시기, 목적, 그 설립 모체에 따라서 3세대로 분류하고 있다.[10]

① 제1세대
에코뮈제라는 명칭이 붙여지기 이전부터의 시도를 포함하여 1960년대 후반 '지방자연공원'과 함께 탄생하여 설립된 유형이다.

1967년에 제도가 만들어진 '지방자연공원'은 그 1년 후에 에코뮈제의 원형으로서 깨쌍 섬 ile d'Quessant의 실례를 만들어 냈다.

자연환경에 더해, 사회적 관습 등을 포함해서 학제적으로 전개하는 야외박물관 스타일이 그 기반이 되었다.

깨쌍 섬 에코뮈제의 팸플릿에서

---

[10] Hubert, 1985

리비에르가 당초 상정했던 스칸센 야외박물관에서의 활동, 즉 전문화된 지식정보를 전달하는 것이 아닌 환경이나 생활이라는 종합화된 전체상을 전시하는 방법이다. 지방자연공원법에 의한 공원이지만 단순한 공원환경을 넘은 생태적으로 전체성을 가진 박물관이다. 이 최초의 시도가 께쌍 섬 에코뮈제이다.

② 제2세대

지방자연공원에서의 데이터가 기초가 되어 1970년대 전반에 실현된 도시코뮌(지방자치정부)의 설립, 작용에 의한 것 특히 도시에서 산업유산 등 사회환경을 중심으로 지역의 생활자에 의해서 주민을 위해서 전개하는 것이다. 쇠퇴하는 도시의 커뮤니티 기반을 재생하려는 의도에 의해서 전개되었다. 근접한 코뮌이 공동하여 활동을 일으킨 크뢰조 몽소 레민 도시 코뮌 공동체에 의한 에코뮈제가 그 최초의 사례이다[→p.91].

③ 제3세대

이전 세대가 일정한 규모를 가진 공공의 모체조직을 가지고 있었던 것에 반해서 소규모의 자발적인 어소시에이션이나 그 연합체에 의해 설립운영된 것으로 1970년대 후반, 특히 1977년 이후에 많이 생겼다.[11] 지방도시의 산업·문화·생활에 관련된 여러 기억을 수집·보전하여 중핵이 되는 박물관을 가진 푸르미 트렐롱 에코뮈제 등이 이 유형의 대표적 예다[→p.117].

여기에서 운영주체가 되는 어소시에이션은 1901년의 어소시에이션법을 바탕으로 하고 있으며, 이 설치·

크뢰조 몽소 레민 에코뮈제의 팸플릿에서

---

[11] Hubert, 1985, p.187

운영방법의 가능성이 고안된 1970년대 후반에는 비교적 호경기였던 시대를 배경으로 하여 수많은 에코뮈제가 탄생했다. 이 현상에 대해서는 에코뮈제의 조제남조粗製濫造라고도 일컬어진다.[12] 이 결과 1977년 이후에 대량으로 '작은 에코뮤지엄'이 생겼다.

이에는 '작은 국가주의자'micronationalist의 환상이 편승하기 쉽고, 그 지역의 독자적 가치나 우수성을 절찬하는 보수적 지역주의자들의 운동인 '작은 홈랜드'만들기에 시종始終해 버리는 것 등 에코뮈제가 비판의 대상이 되었다.[13] 이렇게 에코뮈제의 본래 정신과는 동떨어진 것이 대량으로 남조되어 리베라시옹지에서는 에코뮈제의 타락이라고 비판하고, '후퇴한 박물관'이라고까지 불리었다.[14]

한편, 제4세대 이후의 전개에 대해서는 특별한 문헌은 없지만, P. 멜랑은 캐나다의 도시에서의 주민주체의 커뮤니티형 사례에 더하여 아시아지역, 특히 인도나 일본에서의 활동에 기대를 걸고 있다.

푸르미 트렐롱 에코뮈제의 팸플릿에서

2. 커뮤니티형과 시설형

위베르에 의한 분류에서는[15] 커뮤니티형 에코뮤지엄은 크뢰조 몽소 레민과 같은 참가형 프로세스에 의해서 내발적인 발전을 지향하며, 민간의 자발적

---

[12] Hubert, 1989을 소개한 岩橋, 1996의 표현에 의한다.
[13] Hubert, 1985
[14] Hubert, 1985, p.188에 의한다.
[15] Hubert, 1985

독립 조직에 의한 것을 가리킨다. 한편 시설형 에코뮤지엄이란 종래의 지역그룹이나 자치체 등 공적 조직에 의한 것으로 구분된다. 전자는 지역의 정치세력에 농락당할 위험성도 있다.

또한 에코뮤지엄이 단독적으로 유산을 보전하는 것에 대해서는 제한이 없지만, 어떤 면만을 너무 과장하는 것은 위험하므로 커뮤니티 단체의 활동이 다른 활동을 배제하려는 것에 대해서는 주의 깊게 해야 하며, 이 점에 대한 두 가지 유형 에코뮤지엄의 관련방식으로서 다음과 같은 특성을 들었다.

즉 시설형 에코뮤지엄은 학술적 활동이나 오래된 지역의 박물관과의 연계를 고려하고 자체 활동에 빠지기 쉬운 데 반해 커뮤니티형 에코뮤지엄은 지역에서 다양한 문화시설을 재차 결합시키는 경향이 있다.

3. 에코뮈제의 설립목적에 의한 분류

쥬베르는 프랑스의 에코뮈제 31곳의 조사를 바탕으로 하여 그 활동 내용을 보면, 이하 6개 유형으로 분류할 수 있다고 기술했다.[16] 한편, 괄호 안은 쥬베르가 1992년 시점에 분석한 표현이다.

① 연구베이스형(학술사업이 주제가 되는 에코뮈제)
  산칸탄 안 이브리누 등 해당하는 곳은 3개소이며, 그 외 다른 5개소가 두 번째로 연구를 중시한다. 어느 영역 내에 중심이 되는 연구시설은 있지만, 특별한 안테나, 분관을 갖지 않는 경우도 있다.

---

[16] Joubert, 1994

② 보전베이스형(보전을 첫 번째 목적으로 하는 에코뮈제)

몬 로제르 등 해당하는 곳은 3개소이며, 그 외에 12개소가 두 번째로 보전을 중시한다. 주로 자연환경의 보호, 지역보전을 중심으로 한 자연공원형 에코뮈제가 이에 해당된다.

③ 커뮤니티형(커뮤니티 사업을 우선시하는 에코뮈제)

라르작Larzac이나 크뢰조 몽소 레민 등 해당하는 곳은 4개소이며, 그 외에 6개소가 커뮤니티의 활성화를 중요시한다. 이 유형에 대해서는 프랑스에는 별로 진행된 것이 없고, 캐나다의 퀘벡이나 유럽 다른 곳에서 진척되고 있다.[17]

④ 문화사업형(문화사업을 주로 하는 에코뮈제)

마르제리도 등 해당하는 곳은 7개소이며, 그 외에 3개소가 문화를 중시한다. 지역에서의 유형·무형 문화를 보전하는 것이 중심과제인 에코뮈제 유형이다.

⑤ 영역활동형(영역 사업을 주로 하는 에코뮈제)

바스 세누 등 해당하는 곳은 10개소이며, 그 외에 2개소가 영역을 중요시한다. 어느 일정한 영역에 있는 자연환경이나 문화유산 등을 정비하고, 보전해 가는 분산형 박물관 유형이다.

⑥ 지역경제형(경제사업이 기초가 되는 에코뮈제)

푸르미 트렐롱 등 해당하는 곳은 4개소이며, 그 외에 3개소가 경제를

---

[17] Joubert, 1994

중시한다. 그 지방 고유의 산업, 지역경제의 활성화를 목적으로 설립된 지방도시 등에서의 활동이다.

에코뮤지엄의 세계적 확산

에코뮈제의 확산

에코뮤지엄은 ICOM이라는 국제적인 조직의 공적인 장에서 명명하고 공인하여 추진했던 것에도 불구하고 전 세계적으로 알려졌다고 할 수 없다. 특히 영어권에서는 좀처럼 들을 수 없으며, 오히려 프랑스어권에서 스페인어권, 포르투갈어권, 이탈리아어권 등 라틴계 나라들로 퍼져 나가는 경향이 있다.

현재 세계의 에코뮤지엄 수에 대해서는 여러 설이 있는데, 일례로 쥬베르에 의하면 세계에는 에코뮈제로 칭하고 있지는 않아도, 에코뮈제오로지의 사고방식을 실천하고 있는 조직이 약 90개 정도 있다고 한다.[1] 또한 전 세계에 82~86곳이 있다는 보고도 있다.[2] 거기에는 일본의 사례는 소개되어 있지 않고, 다른 나라의 사례도 판정기준이 약간 애매한데 전 세계로 확산된 어림수는 된다고 생각된다.

---

[1] Joubert, 1995
[2] Maure, 1993. 이 내역은 프랑스 34, 포루투갈 4, 스페인 2~3, 이탈리아 3, 벨기에 2~3, 그리스 1~2, 스위스 1, 독일 2, 러시아 1, 노르웨이 6, 스웨덴 2, 덴마크 3~4, 캐나다 15(이 중에 퀘벡 8), 아메리카합중국 2, 브라질 2, 멕시코 1, 베네수엘라 1이라고 되어 있다.

에코뮈제와 사회박물관
연맹의 로고

본가인 프랑스에서는 조제남조粗製濫造라고 일컬어지기도 할 만큼 에코뮈제로 이름 올린 것은 전부 60곳 정도 있다고 알려져 있다.[3] 이 중 프랑스박물관국에 의해서 정식으로 승인된 것은 1995년 현재 31곳이다. 또한 '에코뮈제와 사회박물관연맹'Fédéation des Écomusées et des musées de société에 가맹한 것 중에서 에코뮈제로 명명되어 있는 것은 1996년 현재 프랑스 37곳, 벨기에 3곳, 캐나다 1곳이 있다.

이는 기본적으로 벨기에의 프랑스어권역에 그리고 캐나다의 프랑스어권인 퀘벡주에 있다. 캐나다에서는 아메리카합중국의 '근린박물관'neighborhood museum의 개념 등에 촉발되어 도시에서의 활동이 추진되어 왔다. 근대 이후 새로운 커뮤니티에서의 정체성 확인 작업과 지금까지의 커뮤니티만들기에 깊이 관여하는 스타일의 활동이 이루어지고 있다.

특히 캐나다의 퀘벡주를 중심으로 하여 커뮤니티의 정체성을 확립함으로써 주민의 내적 힘을 높이고 지역의 활성화를 도모하는 '촉매'catalyst(Kindard, 1985에 쓰인 표현이 널리 사용되고 있다)의 역할을 하는 에코뮈제가 각지에서 시도되었다. 이들은 크뢰조 몽소 레민 에코뮈제의 활동에 촉발되어 커뮤니티 주도의 운동을 목적으로 한 것이다. 이 이념들과 실천의 전개에 의해서 유럽에서 북아메리카대륙으로, 그뿐만 아니라 전 세계로 에코뮤지엄의 이념이 퍼져서 최근에 남아메리카와 아프리카의 여러 나라 그리고 오세아니아, 아시아에도 보급되고 있다.

1970년대 후반부터 이 운동의 이론에 바린이 큰 영향을 미쳤는데, 이는 박물관학의 논객이 세계 각지에서 친근한 커뮤니티의 실천을 거듭해 온 데에 따른 것이다.

---

[3] Joubert, 1995

이 커뮤니티형 에코뮤지엄의 실천은, 나라나 지역에 따라서는 반드시 '에코뮤지엄'이라는 말을 사용하지 않는 곳도 있다. 그 이론화를 도모하는 국제적인 운동으로는, 뉴뮤지올로지라는 말 아래 MINOM Mounement International pour une Nouvelle Muséologie/International Movement for a new Museology(신박물관학을 위한 국제운동. 1983년에 설립된 ICOM의 공인제휴조직 중 하나)이라는 국제적 조직망이 구성되어 에코뮤지엄의 세계로의 전개에 관계하고 있다.

내셔널트러스트와의 관계
—프랑스와 영국

영국에서는 에코뮤지엄이라는 말이 들어가지 않은 내셔널트러스트national trust, 시빅트러스트civic trust, 그라운드워크트러스트groundwork trust 등이 활발히 기능하고 있다. 이 조직의 활동은 시민이 참가하여 자연이나 문화 등의 지역유산의 보전정비를 시행하는 것이며, 그 주요 목적은 우량한 환경자원의 보전에 있다. 모두 자금을 신탁하는 형태로 시민이 참가하는 활동인 점에 특색이 있다.

일본에서는 세제상의 차이점 때문에 완전히 동등한 트러스트 형태를 실현하기는 어렵지만, 활동 자체는 활발히 계속되고 있다. 특히 자연환경보호 분야에서 내셔널트러스트 운동이 활발했고, 마을만들기 분야에서는 그라운드워크트러스트가 계속 실시되었다. 역사적 건조물 등을 주된 대상으로 한 내셔널트러스트는 보존의 노력만으로는 지역유산의 가치를 충분히 활용할 수 없다. 이 지역유산들을 주민의 지역학습을 위한 수단으로 활용하는 것이 에코뮤지엄의 역할이라고 생각한다.

여기에서는 이러한 내셔널트러스트와 에코뮤지엄의 관계에 대해서 생각해 보고자 한다.

영국의 박물관학자 K.허드슨 Hudson, Kenneth 에 의하면, 에코뮤지엄이라는 말을 통해 바린이 계획한 것은 지역주민에 의한 주도적인 활동이라는 점에서 프랑스에서는 혁명적인 발상이었다고 한다. 이 점에 있어서 허드슨의 눈으로 보면 프랑스에서는 실제로는 에코뮤지엄이 실현되고 있는 것은 하나도 없다고까지 말했다.

더욱이 에코뮤지엄이 영어권 여러 나라에서 결국 받아들여지지 않았던 경위와 실상을 기술했는데, 그 이유 중 하나로 영국은 에코뮤지엄이 생겨난 1970년대보다 훨씬 이전에 내셔널트러스트를 확립했기 때문이라고 다음과 같이 기술했다.

> 영국에서는 에코뮤지엄(프랑스의 에코뮈제)이 받아들여지지 않았다. 그 최대 원인은 이 말이 이국적이었다는 점이며, 그런 까닭으로 신뢰하지 않았던 것이다. 사실 프랑스에서 발생했다는 점 자체를 의심스러워했다. 단 그것만으로는 완전한 이유가 될 수 없다. 그것보다도 무언가 단단한 장벽이 에코뮤지엄과 영국 사이에 있었다고 생각한다.
> 1970년대보다 훨씬 이전에 우리 영국인은 낡은 공방과 공장, 낡은 교통수단, 낡은 농장 그리고 농가와 전원의 확산과 연안지역은 말할 것도 없이 그것들을 보존하는 전통이 확립하고 있었다. 간단히 말하면, 우리는 내셔널트러스트를 갖고 있고, 프랑스는 가지고 있지 않았던 것이다. 프랑스의 에코뮤지엄은 적어도 부분적으로는 내셔널트러스트의 프랑스 대용품이다. 그것들은 물론 내셔널트러스트 이상이며 그 이하이기도 하다.
> 그 이하인 것은 에코뮤지엄은 저택과 토지자산을 공공의 이익을 위해서 보존하고, 보전하는 것을 포함하고 있지 않은 점. 우리나라와는 다르며, 프랑스에서 이 문제는 별도로 보호되어 있다.
> 그 이상이라는 것은, 에코뮤지엄은 지역주민으로 하여금 문화적인 사실로 지역을 생각하게 하는 점에서 이것은 확실히 내셔널트러스트가 시행하지 않았다.
> 나도 또한 타국의 뮤지올로지스트 museologist (박물관학자)가 자주 영국인에 대해

서 배타적이라고 생각하게끔 하는 방법으로 표현한다고 느끼고 있다. 말이 나온 김에 말하자면, 나는 프랑스인이 프랑스어로 말하고, 독일인이 독일어로 이야기하는 점에 대해서 유감스럽다고 생각하는 것은 아니다. 그것보다도 그들은 이상하고 추상적이고 공론적인 말 중에 있는 그대로의 말을 자기만의 세계 속에 가두고 마는 경향이 있다는 점을 그리고 그 말은 단순하고 정직한 앵글로색슨 인종을 당혹시키거나 사기의 일종이라고 생각하게 한다는 점을 지적하고 있는 것이다. 수년간에 걸쳐서 유네스코 기관지인 《뮤지엄》은 매우 많은 부분을 에코뮤지엄에 할애했다. 그리고 유네스코는 이 따분한 번역을 허락해 왔다. 원형이 프랑스에 있고, 등가가 될 만한 대용품이 영국에 있는 걸 거의 본 적이 없다.[4]

결국 주민의 사유재산인 지역유산을 공적인 합의를 바탕으로 보호하는 행위는 기본적으로 '수집'='소유'를 목적으로 하지 않는 에코뮤지엄의 이념에는 없으며, 역으로 보존한 지역유산을 주민을 위하여 활용하는 것은 에코뮤지엄 밖에 할 수 없는 것이라고 해석할 수 있다. 이 점에서 만일 일본에서 에코뮤지엄과 내셔널트러스트 양자를 보완해 가면서 아울러 갖춘 통합체로서의 활동이 성립되면, 그것은 영국·프랑스 양국 문화로부터도 독립된 제삼자로서의 일본의 이점을 살린 활동이 될 수 있음에 틀림없다.

영국·프랑스 관계에 대해서 말하자면, 다양한 조건에 더해져 국민감정의 갈등으로도 이해된다. 왜 공화제인 프랑스에서 에코뮤제가 발달한 것인가, 입헌군주제인 영국 등 다른 나라와의 차이를 사회문화적 풍토의 차이로 이해하는 시각이 중요하다면, 자연보호론자 conservationist 인 시바타 토시오가 이미 연구회에서 지적한 것이 있다.[5] 확실히 마을만들기나 지역활동에서 주민주체이기는 하지만 운영은 행정에 의한 것을 전제로 하는 점 등 영국을 비롯한

---

[4] Hudson, 1992, p.29
[5] 전일본박물관학회의 정례 연구회(1994)

다른 국가들에서는 이해하기 힘든 점일지도 모르겠다. 일본은 또 다른 독자의 길을 걷게 될 것이다.

에코뮤지엄과 북유럽

앵스트롬 Engström 은 논문에서 1985년 시점에 "스웨덴에 에코뮤지엄의 조건에 맞는 박물관이 있는가"라는 질문에 대해서 "짧게 답하면 '없다'"라고 썼다.[6]

단 에코뮤지엄과 유사한 것으로, 에코뮤지엄의 발상지로서의 스칸센 야외박물관 외에 "지역 공원이나 야외박물관이 에코뮤지엄과 매우 가깝다"라고 했으며, 에콜로지의 테마를 갖고 현지보전을 하고 있는데, 다양한 분야를 학제적으로 통합하지 않은 점이나 현대 지역의 과제에 대한 사회적 발전과의 관련을 갖고 있지 않은 점이 에코뮤지엄이라고 부르기에는 충분하지 않다고 기술했다.

또한 몇몇 새로운 프로젝트가 있으며, 신경향으로서 자동차로의 이동을 기본으로 한 관광과의 연계 등이 시도되고 있는 점, 산업과 건축물과 문화적 환경을 환기시키는 어떤 지역 전체의 경제의 역사를 전시하는 시설 등을 볼 수 있는 점 등이 소개되었다.

---

[6] Engström, 1985, p.207

이들 중에는 "종래 에코뮤지엄이라고 불린 것"도 있는데, 그것들은 에콜로지와의 연계나 학제적 통합적인 내용이 결여되어 있으며, 주민의 의사에 의해서 지역만들기가 진행되고 있지 않다는 점에서 "산업역사박물관이나 분산형 박물관 등으로 분류되어야 할 것이다"라고 하고, 그것은 영국의 아이언브리지협곡박물관 Iron Bridge Gorge Museum 과 같은 것이라고 했다.

또한 지역의 학습그룹의 존재와 다양한 문화재, 문서기록이 지역활동에 의해서 수집, 연구되고 있는 점 등에 주목하고, 확실히 스웨덴에는 에코뮤지엄의 기초가 뿌리내리고 있음을 지적했다.

실례로 소개되어 있는 것 중에서, 우메오 Umeå 의 베스테르보텐 주 박물관 Västerbottens Läns Museet 이 1975년에 시행한 이동박물관 '지역의 역사문화를 위한 지방박물관' provincial museum for local history and culture 이 내용 면에서 에코뮤지엄의 활동에 가까운 것이라고 했다.

더욱이 1980년대에 들어서부터 앵스트롬이 관여한 시도로서 랩랜드의 광대한 국립공원 지역을 박물관으로 하는 요크모크 뮤지엄 Jokkmok Museum 의 새로운 시도를 에코뮤지엄 모델로 전개할 가능성에 대해 상세히 기술했다. 단 그 뮤지엄은 그 후 에코뮤지엄으로서의 활동을 전개하지 않았다.[7]

그러나 사실은 스웨덴 국내에 에코뮤지엄의 사고방식이 상륙하여 서서히 퍼지고 있었다. 스웨덴의 박물관학 분야에서는 다른 나라로부터의 정보수집에 힘을 쏟은 연속세미나나 이동전람회를 여는 활동[8]이 있으며, 1971년의 ICOM 대회에 에코뮤지엄이라는 말이 생긴 이후 1973~96년 사이에 매년 개최되고 있는 국제세미나에서는 수차례 에코뮤지엄 이념에 관련된 테마를 채택해 왔다.

---

[7] 1999년 Ö.Hamrin에게 들음.

[8] Riksutställningar은 Swedish Traveling Exhibition 등으로 영어 번역되는데, 이것이 북유럽의 에코뮤지엄 이념형성에 주는 영향이 크다고 했다. Olofsson, 1996을 참조.

그중에서도 크뢰조 몽소 레민 에코뮈제와의 교류를 통해서 7, 80년대보다 구체적인 힌트를 얻고 있었다.

동시에 에코뮤지엄이라는 말을 모르지만 지역에 점재하고 있는 사이트를 네트워크로 묶는 구상이 스웨덴 국내에서 진행되었다. 이것이 서서히 에코뮤지엄으로 실체화해 간다.

국제세미나나 스웨덴으로의 진입을 계기로 주위의 스칸디나비아 여러 나라에서도 이것을 배우는 형태로 지역박물관이 주민과의 협동작업을 비롯하여 사이트 보전 등에 관련하여 에코뮤지엄으로 유명해진 곳이 늘어났다. 스칸디나비아 여러 나라에서는 20세기에 들어서면서부터 자신의 지역을 다시 보자는 운동이 일어났으며, 원주민에 의한 지역유산의 보전활동이 활발히 진행되었고, 평생학습활동도 일상화되고 있는 점에서 프랑스 등보다도 훨씬 분산형의 에코뮤지엄 활동을 성립시키기 쉬웠다. 햄린은 스칸디나비아 스타일의 특징으로서 지역의 자주적인 활동을 기초로 하여 광역으로 분산된 형태를 들었다.[9]

더욱이 ICOM대회, MINOM의 워크숍 등이 북유럽에서 차례로 시행되어 에코뮤지엄에 대한 이해가 깊어졌으며, 스칸디나비아 여러 나라에서는 에코뮤지엄이 보급되고 정착되었다. 에코뮤지엄이라는 명칭을 붙이고 있는 것만 현재 10개소가 있는 것으로 확인된다.

---

[9] Hamrin, 1996

스웨덴의 에코뮤지엄

스웨덴의 사정을 보면 실은 에코뮤지엄이라는 말이 아직 일반적으로 널리 알려져 있지 않다.

현재 스웨덴 박물관의 전체상에 대해 소개한 저서에 의하면,[10] 박물관계의 새로운 움직임으로 주목해야 할 것으로 든 것이 베리스라겐 에코뮤지엄[→p.118] 이다. 지역의 역사, 특별한 에콜로지, 생활상태 등 환경의 맥락에 놓여 있는 모든 요소를 표현하는 것으로서 새로운 움직임이라고 한다. 게다가 이것과 유사한 것으로 선사시대의 재현과 체험학습을 중시하여, 좀 더 교육적인 활동을 하고 있는 야외박물관 에케토르프 Eketorp 를 들었다.

그러나 동시에 일반적으로 오해도 있다. 위 책에는 스웨덴 국내 500개소의 박물관 리스트가 실려 있고, 분야별 항목의 하나로 에코뮤지엄 항목이 있다. 거기에는 물론 베리스라겐도 실려 있으며, 그 외에 이른바 자연환경보호지역이나 야외의 기념적인 보전지역 등을 포함한 6개소가 실려 있다.

---

[10] Nyström, 1996

그중에서 에코뮤지엄 ekomuseet이라는 명칭을 가진 것이 베리스라겐 외에 4개소가 있으며, 그것들은 모두 크리스티안스타드 Kristianstad 카운티 박물관의 브랜치로 자리매김했다. 이것은 크리스티안스타드 박물관이 부지 외에 스코네 Skåne 지역의 중요한 자연환경과 유적에 대한 학습거점을 가지고, 거기에서 정기적으로 학습회를 열거나 조사연구를 하는 등 이른바 브랜치 활동을 하고 있고, 그 부지들 외의 활동거점을 에코뮤지엄으로 칭한 것이다. 지역에 분산된 사이트를 가리킨 것이다. 박물관에 의하면, 현재로는 오해가 없도록 그것들을 아웃도어 뮤지엄 utemuseum이라고 바꿔 부르도록 했다고 한다.

크리스티안스타드 에코뮤지엄 Ekomuseum kristianstad Vattenrike의 디렉터이자 창설멤버인 S. E. 마그누손에게 이 점에 대해서 질문했더니, 자신은 에코뮤지엄을 만드는 활동에 들어가기 전 이 크리스티안스타드 박물관의 연구직원이었는데, 에코뮤지엄이라는 명칭을 박물관에서 사용하기 시작한 것을 퇴직 후에 알았다고 한다. 곧바로 그가 프로젝트로 진행하고 있는 에코뮤지엄과는 다른 개념이라는 것을 설명했더니 박물관 측도 그 차이를 이해했다고 한다. 이후 담당자는 주의해서 사용하고 있는데, 그러나 한번 사용된 명칭은 간단하게 바뀌지 않아서 관광당국 등의 일부에서는 그것을 사용하는 일도 있고, 그 명칭으로 실려 있는 가이드북도 있다. 한편, 마그누손은 이와 같은 야외 자연환경을 보전하고, 전시·교육활동을 행하는 것을 아웃도어 뮤지엄이라고 부를 것을 제창했다. 아웃도어 뮤지엄은 에코뮤지엄의 요소가 될 수 있지만, 전체를 네트워크로 잇는 것이 에코뮤지엄이라고 해 그 차이를 의식하고 있다.[11]

또한 에코뮤지엄이라는 범주에 들어 있는 나머지 2개소는 모두 자연환경을 보전한 박물관형 방문자센터와 같은 것이다.

이 점에서도 에코뮤지엄이라는 말이 그다지 일반적으로 인식되지 않았다고

---

[11] 1997년 6월에 들은 바에 의한다.

생각된다. 사실 박물관 관계자 중 일부는 그 말조차 모르거나 에콜로지 파크와 같은 것으로 오해하는 경우도 많았다.

일본의 에코뮤지엄

한편, 일본 에코뮤지엄에 대해서는 명실 공히 에코뮤지엄을 목적으로 하는 실례로 야마가타 현 아사히마치 山形県 朝日町, 치바 현 도미우라마치 千葉県 富浦町, 이와테 현 도와초 岩手県 東和町 등을 들 수 있다.

1995년에 두 번째로 에코뮤지엄 국제심포지엄을 개최한 아사히마치는 일본 국내의 에코뮤지엄 제1호라고 할 수 있다. 지금까지 행정과 주민에 의한 연구회가 주체적으로 활동해 왔으며, 1995년에는 에코뮤지엄 연구기구를 설립하여 거점시설의 건설을 계획하는 등 꾸준히 활동을 전개해 왔다. '즐거운 생활환경관'을 표방하고, 너도밤나무숲, 비즈팜(꿀벌양초공방), 사과온천, 공기신사, 와인공장 등의 사이트를 새틀라이트라고 칭하고 지역에 전개하고 있다. 새틀라이트는 프랑스의 안테나에 해당하는 것이라고 생각하면 된다.

이념을 살린 구체적인 방법은 각국, 각 지역 특성에 따라서 다양한 형태로 나타난다. 실제의 에코뮤지엄은 프랑스에서도 매우 다양하며, 그 형태나 구조에 의해 정의되는 일은 없다. 왜냐하면 본래의 이념에 따르면, 각각의 지역 특성이나 풍토에 따라서 고유의 형태가 있을 수 있으므로 획일화·균일화에서 자유로워야 한다.

특히 운영의 조직화 방법에 대해서는 공적 기관의 역할이나 민간비영리단체 본연의 모습, 그것과 관련된 세법 등 법적 배경의 차이에 따라서 나라마다 에코뮤지엄 본연의 모습이 있어야 한다.

일본 에코뮤지엄연구회 (JECOMS)의 로고

근대를 넘은 현대의 마을만들기란 빈 땅에 새롭게 무언가를 만드는 것이 아니라 이미 전에 있던 것을 정리, 통합하고, 새로운 평형상태를 만들어 내는 것, 즉 사회질서를 재편성하는 것이다. 사회적 정리 시스템이야말로 기성 환경에서의 마을만들기의 본질이다. 에코뮤지엄은 그 존립기반을 영역=지역에서 구하는 점에서 본질적으로는 마을만들기와 같은 의미를 가지고 있으며, 어디까지나 지역 상황에 맞는 창작행위인 것이다. 지역의 상황을 무시하는 것은 불가능하다. 근대화로 잊혀 온 마을만들기 본질을 에코뮤지엄이 재인식시켜 준다고 생각해도 될 것이다.

에코뮤지엄의 현대적 의미

1960년대 후반 프랑스에서 생겨난 에코뮤지엄이 현대 상황에서 다시 그 필요성과 의의가 높아지고 있는 것은 아닐까.

1. 〔자기찾기〕 정체성 확인

우선 첫 번째로 당시 프랑스와 유사한 사회의 문제, 즉 도시와 농촌의 균형상실, 아이들을 비롯한 사람들의 정신적 피폐 등이 현재화된 점이다. 이에 대해서 지역의 자율성과 주민활력의 창출이 요구되며, 또한 환경만들기를 통해서 인간성 회복이 요구된다. 특히 고도정보화사회에 개인존재의 균질화·기호화가 진행되고, 자신의 정체성이 희박해지고 있는 현재, 자기찾기의 무대로서 에코뮤지엄은 유효하다고 생각한다.

[자기찾기]의 참고사례

에코뮤지엄은 어떤 영역에 초점을 맞춰서 거기에 사는 사람들의 시간·공간적인 정체성을 확인하기 위해서 유효한 기능을 한다. 단 에코뮤지엄의 영역은 다시 말하면 에코뮤지엄의 테마이기도 하며, 그것은 다양함 속에서 무엇을 선택해서 취하느냐 하는 지역 주민의 의사에 따른 것이기도 하다.

자기찾기의 가장 선진적인 사례를 해외에서 찾으면 그랜스란드 에코뮤지엄[→p.209]를 들 수 있을 것이다. 이것은 스웨덴과 노르웨이의 국경을 테마로 하고, EU와 양국의 지역자치체가 공동으로 추진하는 획기적인 프로젝트이다. 고분시대로 거슬러 올라가서 토지를 해석하면, 원시의 지형에는 노르웨이와 스웨덴이라는 국경은 없다. 원래 같은 자연환경의 대지에 생활하는 사람들이 때로 정치적인 이유로 편의상 다른 국민이 되어 생활스타일을 각각 형성해 왔다. 현대에 나타나는 그것들의 차이를 넘어서 공통의 원형을 찾고, 정체성을 찾아서 국경을 넘는 영역을 설정하려는 것이다. 근년의 세대의 기억을 초월하고, 시공을 초월하여 먼 과거의 시점을 취하는 이러한 예도 가능한 것이다.

2. [네트워크] 관계맺음의 중요성

두 번째로 현재 에콜로지 붐에서 상징되듯이 생태계에 대한 개념이 파고들어 왔다는 것이다.

생산과 소비를 대립개념으로 파악하는 것이 아니라 양자를 하나의 계系로서 포괄적으로 파악하는 관점이 이루어졌고, 또한 파괴의 위에 새로운 것을 제작하는 시대는 가고, 현대사회의 지역만들기에서는 재생과 전용, 복합과 제휴, 연출과 번역 등 이른바 탈구축의 시도가 이루어진다. 지방박물관 건설붐이 일단락된 현재, 이후에는 기존의

베리스라겐 에코뮤지엄의 관계자·관련기관의 전화부

자원을 시민과의 상호 교류와 시민 간의 네트워크에 의해서 면적 또는 생태학적으로 얼마나 잘 활용해 가는가, 그것이 중요해진다.

[네트워크]의 참고사례

도쿄 도의 면적보다도 넓은 영역을 가지고 있는 베리스라겐 에코뮤지엄[→p.171]에서는 한 권의 전화부가 네트워크의 상징으로 되어 있다. 이 에코뮤지엄은 50개소 정도의 사이트를 가지고 있으며, 지역의 양 끝은 약 150km나 된다. 전 사이트는 주민의 조직에 의해서 보전·관리되는데 양쪽 끝 그룹 간의 커뮤니케이션은 거리의 문제 때문에 좀처럼 취하기 어렵다. 그래서 이 전화부에는 각 사이트의 대표자와 부대표자, 자치체와 지역박물관의 전문가, 평의원, 자문 그룹과 볼런티어·가이드·관광과 등의 전화번호가 가득 기재되어 있다. 이것이야말로 에코뮤지엄의 진수라고 생각하게 만든다. 즉 에코뮤지엄을 성립시키는 것은 환경자원이지만 그것을 지탱하는 것은 인적자원이며, 그것을 잇는 커뮤니케이션, 네트워크가 에코뮤지엄 그 자체이다. 에코뮤지엄은 실체개념이 아닌 관계개념으로 이야기하는 것이 어울린다.

3. [커뮤니티] 지역만들기 학습

세 번째로 평생학습시대를 맞이하여 지역만들기와 평생학습이 일체화될 필요가 생긴 점, 지역활동 속에서 학습하는 것의 중요성이다. 역으로 말하자면, 자신의 지역의 환경학습 속에서 지역 정체성을 발견해 가는 과정 그 자체가 실은 동시에 지역 주민의 참가에 의한 지역만들기도 된다는 것이다.

이것은 단순히 지역계획이나 환경보전을 목적으로 하는 것이 아니라 그것을 통해서 차세대의 주민에게 전달하고, 학습기회를 제공하는 것을 목적으로 하는 점에서 확실히 뮤지엄으로서의 에코뮤지엄의 존재의의를 확신할 수 있다.

[커뮤니티] 학습의 참고사례

네드레 애트라달렌 에코뮤지엄[→p.201]에 있는 한 사이트의 창고 속에서는 '어젠다21룸'이라고 불리는 장소가 있다. 이것은 지역의 로컬어젠다21을 지역주민이 스스로 생각하기 위한 모임과 학습활동을 위한 장소이다.

메이랜드의 도식과 같이[→p.35], 에코뮤지엄 활동은 멈추지 않는다. 언제나 발전하고 스스로를 되묻고 변화를 계속한다. 그 방향을 결정해 가는 것은 거기에 사는 사람들이다. 그들은 지역환경이 과거로부터 현재, 미래로 계속해 가는 것을 언제나 학습하고, 정체성을 계속 확인하는 장래를 선택한다. 현명한 주민임에 틀림없다. 동시에 현명한 주민을 키우기 위한 학습기관으로서 에코뮤지엄은 유효한 것이다.

에코뮤지엄의 사례들을 찾아서

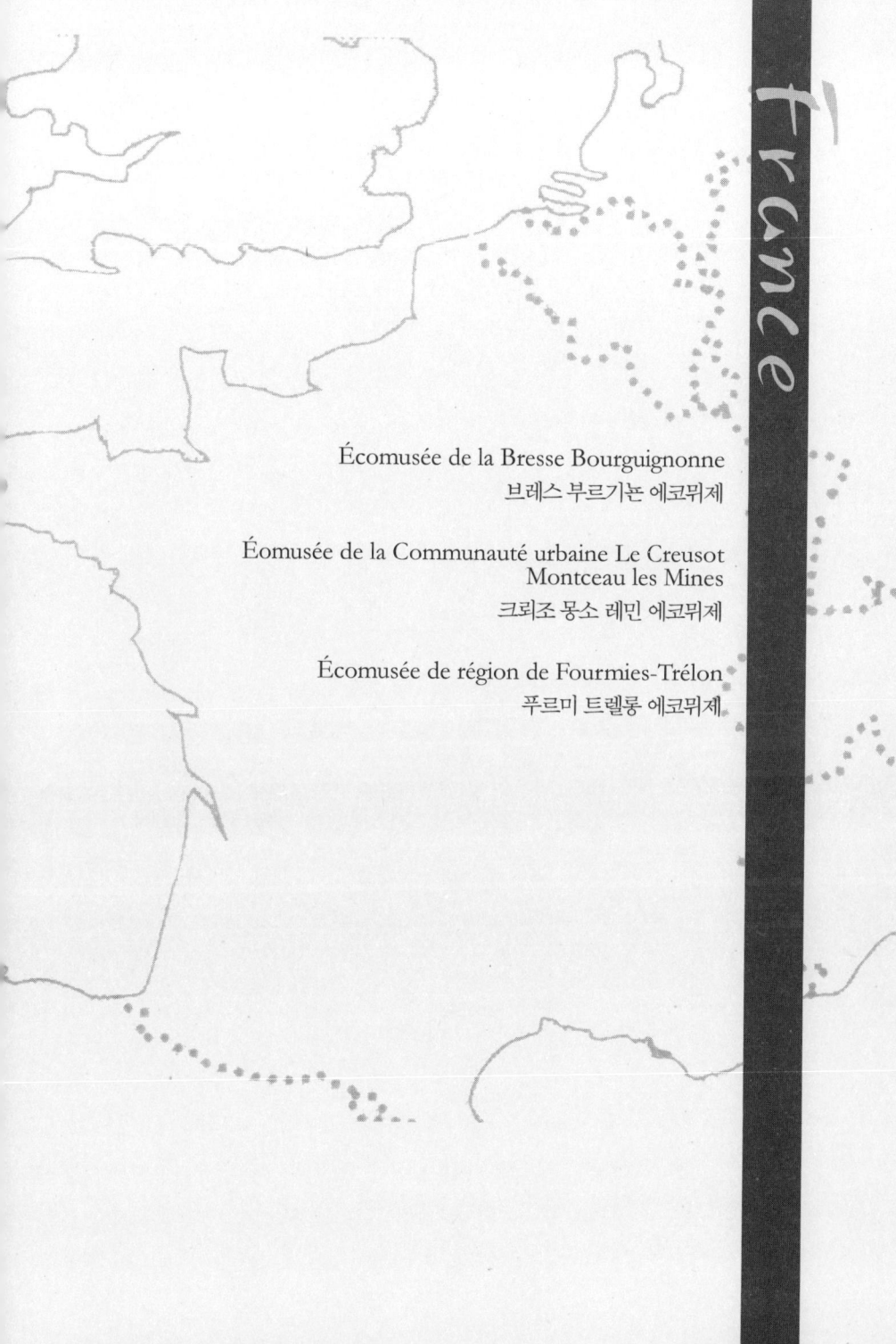

Écomusée de la Bresse Bourguignonne
브레스 부르기뇬 에코뮈제

Éomusée de la Communauté urbaine Le Creusot Montceau les Mines
크뢰조 몽소 레민 에코뮈제

Écomusée de région de Fourmies-Trélon
푸르미 트렐롱 에코뮈제

브레스 부르기뇽 에코뮈제

성곽을 본부시설로 하여 농촌지역의 풍부한 자연자원과 문화산업을 광범위하게 전시

입지와 영역

브레스 부르기뇽 지역은 1,690km²의 광대한 범위로 115개의 코뮌 commune 을 포함하고 있다. 주민 약 7만 명에 부르고뉴 지방 가장 동쪽에 있다.

이 지역은 균질의 토지가 특징적이다. 점토질의 토양이 지형과 농작물 그리고 생활문화의 특징과 깊게 연관되어 있다. 200~300만 년 전까지는 지중해의 해저에 있었던 땅이다.

프랑스 국내의 다른 많은 농촌들과 마찬가지로 이 지방도 최근 4반세기 사이에 그 양상이 많이 바뀌었다. 젊은이들의 유출, 경제적 곤경, 농업시장의 변화 같은 문제로 침체되어 있다. 브레스 부르기뇽 지역은 새로운 활동이나 수익성을 기대할 수 있는 농업방법을 탐구함으로써 스스로의 문화적 유산을 버리지 않고 지역의 경제기능을 발전시키려고 노력하고 있다.

연혁

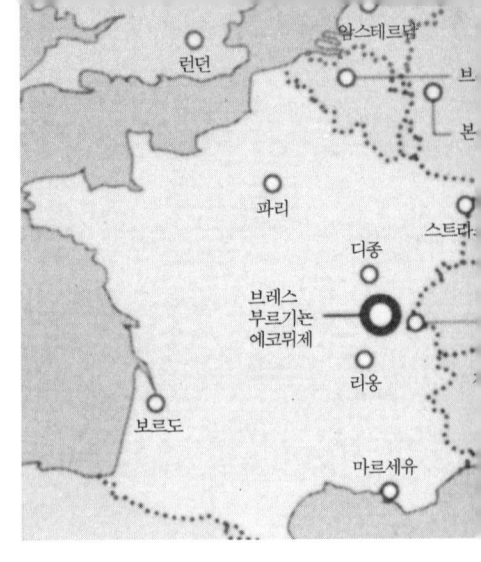

1980년에 브레스 부르기뇽 에코뮈제에 대한 예비조사가 시작되었고, 1981년 10월에 준비위원회가 설립되었다. 구체적으로 지역의 역사적, 건축적, 과학적, 기술적 유산 등 완전한 목록작성에 착수하기 위해서 상임작업반이 설치되었다. 동시에 사람들의 증언과 지역의 자료가 되는 물품이 수집되었고, 115개 코뮌의 재산목록이 작성되었다.

이후 에코뮈제는 서서히 전체상을 형성해 가기 위한 정비를 하고, 안테나 수를 늘리고 몇몇 기획전을 해 왔다. 1981년 어소시에이션 결성 후 대략적인 역사는 다음 표에 기재하였다.

브레스 부르기뇽 에코뮈제 연혁

1981년	'지역의 기억'전. 흥미를 불러일으키기 위한 최초의 특별기획전
1984~88년	테마별 안테나 개설
1984년	제1기 작업과정. 특별분산전 개최
1985년	6월, 브레스 부르기뇽의 전통적 생활에 관한 최초의 상설전시 갤러리 개설 19세기에 썼던 방이 충실히 복원되어 회의실로 되었다
1993년	제2기 작업캠페인 종료 매점, 커피숍, 새로운 특별전시실, 강연실이 마련되었다

운영

주민 및 지역 파트너와 밀접하게 관련된 에코뮈제의 상임작업반은 학예원인

수로 앞에서 바라본 본부건물의 외관

관장 아래에 재편되어 다양한 연구자와 교육자들과 일시적인 협력관계를 맺어 왔다. 각 관청, 공공기관과 마찬가지로 대학이나 그랑제꼴 grandes ecoles 등의 학생을 수용하고, 그들의 협력을 얻어 학술적 연구를 진행했다.

브레스 부르기뇽 에코뮈제는 몇몇 재원에 의해서 기능을 수행했다. 예를 들면 지방자치체(브루고뉴의 지방회의, 사온느 에 루와르 saône-et-Loire 도의회, 코뮌), 문화, 농업, 관광, 환경, 교육의 각 관청, 지지자들에서 받은 출연금, 개인에게 받은 증여, 활동을 지원해 주는 그룹이나 기업의 지원금 등이다. 또한 에코뮈제의 자기자금률(입장료, 이벤트 수입, 가이드북이나 인쇄물 판매 등에 의한 것)은 45%나

에코뮤지엄의 사례들을 찾아서 93

현재(1996년 당시) 운영조직의 구성

- 총관리부: 3명
  - 관장(학예원·관리인이기도 하다) 1명
  - 사무원(전화교환수·회계담당을 겸한다) 1명
  - 서기 1명
  - 한편, 지금부터 5년 이내에 법률관계의 관리인 혹은 문화담당관·부관장의 채용을 계획 중.

- 연구체제: 2명
  - 2명의 기한부 고용 연구원.
  - 민속학자와 자연환경 스페셜리스트.
  - 연구전문분야는 농업가공과 농촌건축을 커버한다.
  - 기술입안자(목공장인·장식담당·보수담당을 겸한다) 1명

- 기술부문: 상근 2명에 10명의 파트타임
  - 상임접수담당 1명
  - 파트타임 접수담당 10명
  - 접수업무는 새로운 사업소를 개설하면 증원한다.
  - 자원봉사자에 의존하는 것도 중요하며, 전 사이트에서 합쳐서 약 100명이 관련되어 있다.

된다.

에코뮈제의 관리운영위원회 conseil d'administration 는 이용자, 과학자, 관리자라는 세 가지 모체 colleges 에서 선발된 대표로 구성되어 있다. 총회에는 이 세 가지 모체가 모여서 에코뮈제에 가입해 있는 멤버 전체를 통합하게 된다.

활동내용

에코뮈제에서는 다음과 같은 활동을 공개하고 있다.

- 삐에르 드 브레스 성에 상설전시 갤러리, 시청각홀, 역사·민속지학 자료센

터, 특별전시실, 매점, 커피숍, 강의실
- 각 안테나의 테마마다 전시, 순회전시, 교육용 케이스, 여러 지역을 통한 출판, 부르고뉴 전 지역의 서점과 프레스센터를 통한 출판(브레스 부르기뇽 발견 가이드, 카탈로그, 전단지, 고서 복각 등)

더욱이 본 에코뮈제는 '발견의 날' 등의 이벤트와 여러 학습활동을 기획해 왔다. 특히 프랑스에는 초등학생이 합숙을 하며 여러 문화재의 학습을 하는 '유산학급遺産学級'이라는 활동이 있으며, 활동을 위한 숙박시설과 세미나실을 보유하고 있다. 이 에코뮈제는 프랑스에서 최초로 '유산학급'을 상시 수용하는 센터를 보유한 박물관이다. 또한 초등학생과 중학생의 교육활동계획에도 참가하고, 지역 관광개발에도 밀접하게 협력한다. 1993년 이후에는 야외조각 등을 제작하거나 삐에르 드 브레스 성에서 음악시즌을 기획하는 등 매년 다양한 예술가를 수용하는 활동을 한다.

중심시설과 안테나 구성

삐에르 드 브레스 성이 중심시설이며, 이 시설은 도가 소유한다. 이 성 건물 안에는 전술한 바와 같이 상설전시 갤러리, 강의실, 시청각홀 외에 에코뮈제의 본부사무소 및 연구실이 있다. 그 외 '유산학급'을 위한 숙박시설과 세미나실이 있다. 다른 부지에 창고가 따로 있지만, 이 건물 내에도 박물관 자료의 일부를 보관하는 창고를 보유하고 있다. 명백히 웬만한 박물관 기능을 가진 종합박물관 건물이다. 단 이 박물관만으로 마무리하거나 폐쇄하지 않고, 지역으로 개방하는 것까지 이어져 브레스 부르기뇽 지방 전체의 발견으로 이끄는 도입기능을 하고 있다. 이런 점이 이 에코뮈제의 중요한 점이다.

다음과 같은 6개 지역 사이트에 각각의 지역을 대표하는 테마별 뮈제,

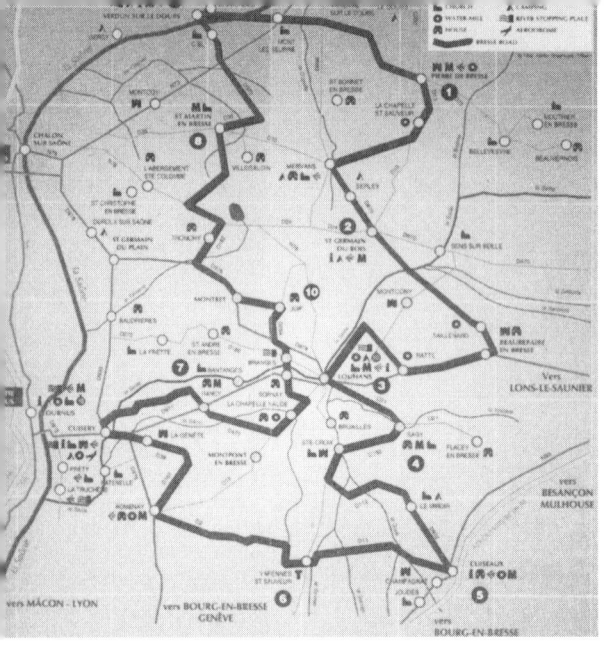

① Pierre de Bress(삐에르 드 브레스)
② Saint Germain de Bois(생 제르멩 드 부아)
③ Louhans(루앙)
④ Sagy(사기)
⑤ Cuiseaux(뀌조)
⑥ Varennes Saint Sauveur(바렌 생 소뵈르)
⑦ Rancy(랑시)
⑧ Saint Martin en Bresse(생 마르탱 앙 브레스)
⑨ Verdun sur le Doubs(베르뎅 쉬르 르 두)
⑩ Juif(쥐프)

즉 각 지역의 주요부에 배치된 안테나가 있다. 게다가 현재 물을 테마로 한 일곱 번째 안테나를 설치할 예정이며, 계획을 진행시키고 있다.

- 생 마르탱 앙 브레스(삼림, 임업에 대해서)
- 베르뎅 쉬르 르 두(밀과 빵의 박물관이 있다)
- 루앙(신문사·인쇄기가 있다)
- 뀌조(포도 재배자와 포도밭, 와인생산에 대해서)
- 생 제르멩 드 부아(농업기계에 대해서)
- 랑시(의자 장인과 짚 장인에 대해서)

뮈제로서 전시장을 가진 사이트와 마찬가지로 사기 Sagy에서는 일곱 개의 물레방아 발견의 오솔길 코스나 견학지로서 바렌 생 소뵈르의 기와공장을 사이트로 자리매김하고 있다. 또한 이런 종합시설을 보완하기 위해서 삐에르 드 브레스 성에 인접한 농장을 1개소 가지고 있다.

중심 시설인 삐에르 드 브레스 성의 연간 입장자는 약 3만 명이며, 최근 5년간은 거의 증감이 없다. 이 중 절반인 1만 5천 명 정도가 안테나에 발길을 옮긴다고 한다.

중심시설과 안테나와의 관계에 대해서는 각 안테나가 어소시에이션에 의한 자발적 활동에 의해 유지되고 있으며, 중심시설에서 직원이 파견되지는 않는다. 어디까지나 중심시설은 에코뮈제 본부로서 사무소 개설하는 것과 지역 전체를 조망할 수 있는 전시를 마련하고 운영하는 것뿐이다. 에코뮈제 본부는 홍보와 전시 그리고 조사연구를 담당하며, 각 사이트와 각 안테나의 보전과 운영유지관리는 지역 주민 주체로 이루어진다.

삐에르 드 브레스 성

이 성은 역사적 건축물로서 귀중하다. 건물은 1680년에 중심부분이 세워진 후 1744년에 증축되고, 양축이 확장되어 ㄷ자형 평면이 되었다. 1956년에 소유주 손을 떠나 도에서 건물을 매수했는데 당시 건물 내부는 텅 비어 있었고, 옷장이 1개 있었을 뿐이었다. 현재 도의회가 유지관리를 위해서 정원사와 경비원에게 보수를 지불하고 있으며, 가까운 장래 보수담당을 고용하는 것도 제안되어 있다. 중앙 정원인 프랑스식 정원, 건물 주위를 돌고 있는 수로도 마찬가지로 도의회가 비용을 대고, 보수·유지·관리한다.

이전의 특권적 귀족 저택의 성을 에코뮈제의 상징적인 존재로 자리매김하기 위해서는 코뮌이 소유하고, 지역 주민이 이용하는 점이 중요한 조건이 된다. 그럼으로써 특권계급이 독점하던 것을 민중이 활용한다는, 에코뮤지엄이 세계에 내세우고 있는 '문화민주주의' cultural democracy 가 실현된 것이다.

건물 내의 상설전시실 중 2층의 제1전시실은 브레스 부르기논의 지형·지리적 특징, 제2전시실은 매장문화재, 제3전시실은 19세기까지의 지역 역사, 제4전시실은 각 안테나의 개요 안내 등 지역 전체의 테마별 해설, 제5전시

본부(뻬에르 드 브레스 성) 외관

실은 복원된 회의실로서 성 안에서 이전에 사용한 벽지를 전시했다. 이어서 3층 전시는 현재 산업에 대한 전시로 농업과 공업, 근현대 생활, 관광 등에 대해서 전시했다.

2층 끝부분에는 기획전시실이 있으며, 1996년 6월에는 예술과 돼지에 관한 특별전이 열렸다. 생활과 예술 그리고 생물, 식량문제 등과의 관계가 묘하게 구성되었으며, 관련 콘서트도 개최되었다.

새로운 문화활동을 위한 문화센터를 설치했다. 사온느 에 루와르 도의회가 견학코스, 문화강좌를 열고, 그 수입원으로 문화센터를 설치했다. 문화센터에서는 특히 젊은층을 겨냥하고 있다.

여름시즌의 방문객을 수용하는 데 적극적, 확대적 대응 방침을 세웠다. 1988년 이래 에코뮈제가 기획한 여름학교에서는 예술가와 장인을 접할 수 있는 기회가 있어서 그 지역 사람들에게 호평을 받았다. 또한 1993년 여름에 시작된 서머 뮤지컬에 연동하여 지역의 야외연극을 실현시킬 계획이다.

각 사이트의 특색

숲과 나무의 박물관

생 마르탱 앙 브레스Saint-Martin-en-Bresse에 소재한 숲과 나무의 박물관La Maison de la forêt et du bois의 개관건물은 이 지역의 옛 초등학교이다. 19세기 말에 프랑스 교육의 중립성과 공공성(무료교육과 종교로부터의 이탈)을 확보한 시기에 개교한 곳으로 그 기억을 남기기 위해서라도 이 지역에는 중요한 공공건축물이기 때문에 보존하는 의의는 매우 크며, 단순한 폐교이용만은 아니다. 건물의 소유자인 코뮌의 교육담당부국도 에코뮈제가 이용하는 데 교육적이라는 점에서 기쁘게 응했다고 한다. 지금 이 건물을 관리하는 사람은 동일 건물의 이전 교사의 기숙사에 사는 관리인이며, 여름의 낮 시간만 일반 공개를 하기 위해서 그 열쇠를 맡기고 있다. 가이드는 필요에 따라 지역의 자원봉사자가 응하고 있다.

내부에는 삼림, 임업에 대한 전시가 있으며, 삼림의 자연환경에 관한 기초적인 지식을 배우는 것에서 나무의 성질을 알기 위한 전시와 임업, 목공을 위한 각종 도구류, 나무를 활용한 예술작품의 전시 등이 있다. 나무신발木靴

숲과 나무 박물관은 폐교된 학교 건물이다

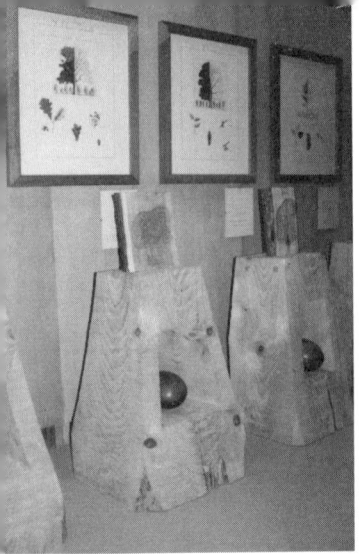

공방도 마련되어 있으며, 실제 재연을 해 준다. 나무신발 장인은 1980년 당시에는 4명이 있었는데, 1993년에 최후의 장인이 은퇴했다.

지역의 자원봉사자 조직은 실제로 숲에서 일했던 경력이 있는 사람이나 현재도 삼림 레인저 ranger*로 일하는 사람이 활동하고 있다. 환경 학습용의 숲 속 산책로를 정비하거나 숲의 광장 정비도 하며, 건물 내부 외에 지역 전체의 삼림환경에 관해서 여러 가지 보전·교육활동을 하고 있다.

수목에 관한 전시물
수목의 종류에 따라서 표면색과 모양, 무게, 촉감이 다르다는 것을 손으로 만져보고 느낄 수 있었다

밀과 빵의 박물관

베르뎅 쉬르 르 두Verdun-sur-le-Doubs에 소재한 밀과 빵의 박물관La Maison du blé et du pain의 설치·운영은 코뮌에 의해 이루어진다. 1974년에 밀의 연구자인 뷔르넹 교수의 연구자료를 바탕으로 설치되었다. 에코뮈제가 발족한 후 1981년부터 협력박물관으로서의 안테나가 되었다. 에코뮈제의 디렉터인 도미니크 리비에르는 이 박물관의 학예원을 겸임하고 있다.

건물은 세 개의 강이 합류하고 있는 지점에 있는 2층짜리 작은 옛 관청(17세기)의 건물을 사용하고 있다. 1층이 밀의 전시관이며, 밀의 종류와 그 재배방법, 채집, 농법 등이 전시되어 있다. 2층은 빵의 전시관으로 되어 있다. 빵에 관한 전시는 프랑스에서는 여기밖에 없다고 알려져 있으며,

밀과 빵의 박물관 외관
강에 걸쳐진 다리 옆에 세워져 있다

---

* [역주] 국유림의 순회 경비원, 국립공원의 관리원.

프랑스 국내의 지역별 여러 가지 빵 종류나 도구류 등이 전시되어 있다. 프랑스는 빵의 소비가 세계에서 1위라고 한다. 독일의 울름과 스위스의 에샤란에 비슷한 박물관이 있으며, 자매관으로 관계를 맺고 있다. 연간 2,000~2,500명이 방문한다.

신문사

신문사L'atelier du journal는 루앙Louhans 마을에 있는 지방지 〈랭데팡당〉 L'INDÉPENDANT의 인쇄소를 가능한 한 가동 당시 그대로 보전하고 있다. 1986년에 안테나로 설치했다.

랭데팡당은 창업 당시 300부 정도 발행했지만 1930년경에는 13,000부를 발행하고, 현재는 70만 부를 발행하고 있으며 리옹 시에 인쇄소를 가지고 있다. 이 인쇄소에서는 당시의 인쇄기계를 가동할 수 있도록 유지관리하며, 이들은 실제로 에코뮈제의 인쇄물을 인쇄하고 있는 현역 기계이기도 하다.

전시로는 편집장의 방, 창간호부터 발행된 신문 그리고 오래된 인쇄기가 진열되어 있다. 1922년제 인쇄기로는 1930년 당시의 신문을 실제로 인쇄해 보이는 동작을 재연하고 있다. 동시에 창간호부터 현재까지의 신문에 마을의 역사를 기록한 자료가 보관될 수 있었다. 또한 이 건물 2, 3층은 마을의 미술갤러리로 사용되며, 시민의 친근한 공공시설로 기능하고 있다.

포도와 와인 박물관

뀌조Cuiseaux 마을에 포도 재배자와 포도밭, 와인생산에 대한 포도와 와인 박물관Le Vigneron et sa vigne이 있다. 브레스 부르기뇽 지역에서는 부르고뉴 지방 이

랭데팡당의 인쇄기를 조작하는 동작 전시

포도와 와인 박물관 입구

외의 지역과 마찬가지로 포도를 풍부하게 얻을 수 있어서 19세기에는 와인 재배가 농가의 겸업으로 가능했다. 그러나 1920년대에 식품가공산업에 눌려서 현재 와인업은 정식으로는 이루어지지 않는다. 장래 포도재배와 와인제조의 부활을 목표로 하며, 단순히 역사적인 기록으로서가 아닌 장래의 산업으로서의 부흥을 기획하고 있다. 이에 따라 이곳은 마을주민을 위한 지역 산업을 재인식하는 학습시설로 기능한다.

건물 안에는 와인 제조과정이나 포도의 생산방법, 번성했던 시기의 포도재배 농가의 생활풍경, 와인저장용 나무통 제작방법 등도 전시되어 있다.

농업 박물관

생 제르맹 드 부아 Saint-Germain-du Bois 마을 중심지에 1986년에 농작물 창고를 개축하여 농업 박물관 L'Agriculture Bressane을 만들었다. 이 건물 자체가 원래 농업창고였고, 전시를 위한 넓은 공간이 보전되어 있다. 건물은 마을의 도서관과 집회시설이 있는 부지에 세워졌는데 이곳은 이전에 부르주아 농민의 주택부지였다. 주택이 도서관으로, 제분소 건물이 집회시설로 전용되어 이 시설이 성립하게 되었다. 도서관은 역시 마을 자원봉사자에 의해서 운영되며 군 주민에게 개방되어 있다. 또한 집회시설에는 음악실로 개축된 방이 있어 이곳에서 음악교실에 힘을 쏟고 있다. 이 마을 촌장은 원래 교사였는데 그 부모님이 농사를 지었기 때문에 농업과 교육이라는 에코뮈제

브레스 치킨

오른편에 있는 건물은 현재 도서관. 왼편 건물이 지역 집회소. 정면 안쪽에 있는 창고건물이 농업 박물관

활동에 대해 관심이 많아 협력체제를 구축할 수 있었다.

박물관 건물 내부에는 농업기계의 변환, 농촌건축·농가의 모형, 농산업의 각종 형태, 농기구와 마구, 프랑스에서 고급 닭고기로 유명한 브레스 치킨 등에 관한 전시가 이루어져 있다. 브레스 치킨은 미네랄 성분이 많은 점토질 토양에서 길러져 뼈가 적고 살이 많다. 이 치킨은 일반 닭에 비해서 한 마리당 매우 넓은 토지와 풍부한 환경조건을 필요로 하는 방목조건이 까다로운 고급 토종닭이다. 농업기계 등은 가동식으로 되었고, 인형으로 전시된 소나 말 대신에 인간의 힘에 의해서 움직일 수 있도록 했다.

짚으로 만든 의자 박물관
18세기에 시작된 지역의 전통적 산업인 '짚으로 만든 의자'만들기와 짚 장인에 대한 전시로, 1985년에 설치된 전시관이다. 에코뮈제로 활동하던 초창기에는 사용하지 않는 공장을 여기저기 돌아다니며 순회전시를 하다가 1985년에 상설 전시장을 설치하게 되었다. 목공 부분은 남성이 짚으로 된 앉는 부분은 여성이 각각 역할분담을 했었는데, 기계화가 되면서 가내공업의 생산형태가 무너져서 보존할 필요가 생긴 것이다.

전시되어 있는 것으로는 의자만들기의 역사와 공정, 도구와 의자의 형태 등이 있고 그 외에 자원봉사자가 실제로 짚을 사용한 의자만들기 재연을 해 보인다. 관람자가 참가할 수 있는 실습도 있다.

짚으로 의자 만들기를 실제로 보여주는 자원봉사자 스태프

잃어버린 기술 보존뿐 아니라 주위에 입지한 민간 의자공장과의 제휴를 통해 현재 기술을 이용한 공장 견학도 가능하다.

정식으로 에코뮈제의 안테나로 자리매김한 이상의 6개소 사이트 외에 에코뮈제의 지역 내에 있는 중요한 사이트로 다음과 같은 것이 있다.

수차 오솔길

브레스 지방에는 전부 225개의 수차 Les Moulins 건물이 있다. 수차 건물을 바탕으로 크게 개축한 레스토랑, 개인이 소유하는 수차 등등 다양한 물레방아가

수차 오솔길 출발 지점에 있는 수차 전시시설

있다. 현재도 맷돌의 동력으로 수차를 소유, 사용하고 있는 제분 장인이 다섯 명 있다. 사기Sagy에 소재한 수차 오솔길 루트를 따라서 7개소의 수차가 있고, 그중 2개소는 실제로 제분에 사용하고 있다. 전시시설로 작은 건물이 정비되어 있지만, 다른 안테나에 비하면 간단한 것이다.

쥐프 옛 민가

인구 250명 정도인 쥐프Juif 마을에 역사적 건축물로 지정되어 있는 18세기 옛 민가가 있다. 건물 양 날개에는 탑모양을 한 비둘기집이 있다. 양쪽이 좌우대칭이 아니고 형태가 약간 다른 것은 건물을 바라봤을 때 우측의 탑이 19세기에 다시 만들어졌기 때문이라고 한다.

민가 소유자이자 주거자

현재 이곳에는 이전 루앙 마을에서 천 제조업에 종사했던 노인이 살면서 건물을 유지관리하고 있다. 나라의 지정물로 되어 있기 때문에 1년에 연속 40일간 혹은 통산 50일간 공개하며, 이에 따라서 토지와 건물의 고정자산세가 면제되었다. 본인은 고령이어서 그와 같은 지정이 특별한 자랑도 괴로움도 아니라고 생각하는데 앞으로 자손 세대가 유지해갈지 어떨지는 아직 의문이다. 에코뮈제 디렉터의 희망으로는 누군가가 혹은 기업이 매수하여 수선하고 코뮌에 기부하면 에코뮈제가 하나의 안테나로 자리매김해 연구·전시하고, 보전관리를 했

쥐프에 있는 18세기 민가

으면 좋겠다는 생각이다. 그러나 소유자 딸은 건물을 모두 그 토지에서 옮기고, 그 토지에 주차장을 만들고 싶어 한다고 한다.

크뢰조 몽소 레민 에코뮈제

전 세계에 영향을 주고, 항상 모험하는 선진적 도시형 에코뮤지엄

설립경위

크뢰조 몽소 레민 에코뮈제는 파리와 리옹의 중간에 위치한 크뢰조 몽소 도시공동체 에코뮤지엄이다.

이 지역은 석탄과 철공업을 중심으로 한 도시지역 16개 코뮌에 의해서 결성된 공동체이며, 본부가 있는 북부 마을 크뢰조는 TGV로 파리에서 1시간 반 정도 걸리는 곳에 있다. 도시이기는 하지만, 1960년대 이후 산업이 현저하게 쇠퇴한 지역이며, 지역경제 활성화를 목적으로 16개 코뮌이 모여 도시공동체 communaute urbaine를 형성했다. 지역의 반은 시골이고, 반은 공업지대 라는 지리적 특성을 가지며, 철강과 수공업 마을 크뢰조와 탄광 마을 몽소 레민이라는 두 개의 중심 마을을 포함하고 있다.

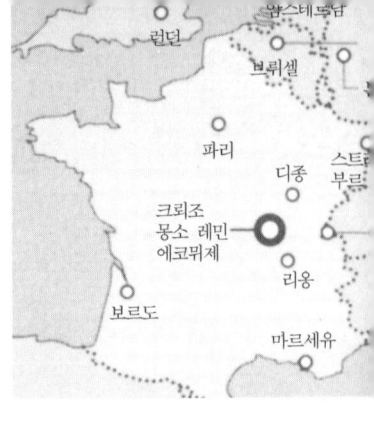

에코뮈제로서 가장 처음으로 한 활동은 사람과 산업 박물관을 만들 계획을 세운 것이며, 거기에 각 코뮌의 커뮤니티 리더들이 참가했다. 바린의 회상에 따르면, 설립하는 데 두 가지 정치적 과제 혹은 곤란함이 있었다.[12] 하나는 10만 명의 인구를 끌어안고, 좀 더 근대적인 자본주의에 의한 산업적 발전을 어떻게 성공시킬 것인지에 대한 것이었다. 또 다른 하나는 독립적이고, 때로는 대립하는 16개의 자치체를 어떻게 하나의 도시공동체로 만들어서 공통된 계획을 세우고, 발전시키고 정책조사를 해 가는가 하는 점이었다.

크뢰조 몽소 레민 에코뮈제는 도시공동체 내에 있는 코뮌 의원들이 제기하여 바린과 리비에르 그리고 특히 열심히 활동하는 주민들에 의해 설립준비활동이 이루어졌다. 우선 처음에는 사람과 산업 박물관이 1972년에 설립되었다. 1968년 5월혁명의 세례를 받고, 이데올로기적으로도 지역에 대한 같은 생각을 가진 주민, 지역의 산업유산을 미래로 이어나가자는 의사를 가진 주민들에 의해 만들어졌다. 그리고 마침내 1974년 에코뮈제로 법적인 자리매김을 하였다.

특색과 그 의의

약 500km², 인구 약 15만 명 범위에서 16개 코뮌이 연합하여 에코뮈제를 만드는 동시에 도시공동체(도시커뮤니티)를 형성한 것이다. 이 도시커뮤니티는 어디까지나 행정적인 제도로 만들어진 것이 아니고, 에코뮤지엄 설립과 함께 출현한 영역이다. 정치적 영역으로서의 행정단위를 문화적 영역을 기반으로 하는 에코뮤지엄이 이어주는 역할을 하게 되었다.

---

[12] Varine, 1996, p.23

위베르의 분류에 따른 한 '제2세대'의 최초 사례로 공적 기관의 도시공동체에 의한 설치라는 점도 새로운 시도였다. 그러나 운영은 처음부터 어소시에이션에 의한 자주적 민주적인 형태를 취했다. 이 운영형태는 그 후 많은 에코뮈지엄의 규범이 되었다. 1973년에 생겨서 1994년에 개정된 어소시에이션의 최초 규약에 따라 '학술위원회', '이용자위원회', '관리위원회'의 3개 위원회가 운영하게 되었다. 주민, 코뮌, 에코뮈제의 전문가가 민주적으로 관여하는 이러한 위원회방식도 또한 이후 많은 에코뮈제의 규범이 되었다.

또한 도시에 있는 에코뮤지엄의 문화적 유산을 그 장소에 보전하고, 결과적으로 각 사이트의 박물관을 연결해 감으로써 에코뮤지엄을 형성해 간다는 이른바 '분산형 박물관' fragmented museum, musée élaté이라는 개념을 제안했다. 그때까지의 농촌의 자연공원이라는 것과는 다른 도시형 모델을 제안한 것도 새로운 시도였다.

이와 같은 다양하고 새로운 시도를 의욕적으로 진행시켜서 이 에코뮈제의 활동을 '크뢰조 모험' l'aventure du Creusot이라고 칭하기도 한다. 그리고 세계 속에서 에코뮤지엄의 새로운 모델로 주목을 받았다. 전 세계로부터 크뢰조의 실천과 이념을 배우고자 하는 사람이 몰려들어 에코뮤지엄을 위한 학교 역할도 했다.[13]

그 후의 위기와 현재

이와 같이 크뢰조 몽소 레민 에코뮈제는 지역경제 활성화를 꾀하여 모험적으로 출발했고, 설립 뒤 잠시 동안 호조를 맞았지만, 그 후 10여 년이 지난 1985년에 두 번째로 지역의 경제적 위기가 찾아왔다. 박물관의 직원은 일자리를 잃었고,

---

[13] Maryland, 1996

1970년대 초기에 3, 40대였던 사람들은 이미 회복시킬 능력이 없었다. 당시 젊은 사람들은 다른 생각을 가지고 있었다. 그들은 그들의 아버지와 어머니가 만들어 낸 것에 대해서 그 정도의 정열을 느끼지 못하고, 개척자로서의 자각도 없었다. 박물관은 새로운 세대의 요구에 맞출 수 없게 되었다.

1980년대 중반 에코뮈제의 위기는 경제적 위기가 계기였지만, 세대교체에 따른 추진력의 무산이라는 위기이기도 했다. 당초 리더들은 나이가 들어 퇴직할 시기가 되었고, 활동력 있는 젊은 사람들은 직면하고 있는 경제위기와 실업자 문제에 대처하지 못했다. 그것은 과거 공업의 역사를 찾아서 인식하는 것보다 훨씬 중요한 문제였다.

바린은 당시를 되돌아보면서 "우리는 '세대 간의 격차'에 대한 사례를 퇴고하면서 이 점에서 배워야 한다. 뉴뮤지올로지의 중심과제인 박물관의 '프로세스'를 빛낼 수 있도록"이라고 기술했다.[14]

거듭되는 모험

세대교체를 한 후 에코뮈제는 완전히 정체한 것처럼 보였지만, 1992년에 에코뮈제의 당초 목적을 재생하자는 움직임이 시작되었다. 거기에는 무엇이 유토피아적이고 무엇이 시대착오적으로 보이기 시작했는지에 대한 점을 되묻고, 현대의 필요성에 적합한 구조와 프로그램을 만드는 단계에 와 있다는 인식이 있었다. 바린은 "어제의 혁명가는 오늘날에는 보수주의자로 바뀌어 버렸다. 그들은 강한 자부심을 가지고 있지만, 그것을 바꾸려는 시도에는 저항하려고 한다. 커뮤니티의 자연 상태는 확실히 변화하고 있으며, 새로운 세대가 같은 문제에 직면할 필요는 없다는 명백한 증거가 있음에도 불구하고"라

---

[14] Varine, 1993, p.24

고 기술하여 새로운 세대로 전환할 것을 제창했다.[15]

구체적인 변혁으로 우선 안테나와 중심시설의 관계가 재점검되었다. 설립 당초에는 리비에르의 지도도 있어서 '사람과 산업 박물관'이 에코뮈제 본부로서 중심기능을 하고, 그 지역 분관적인 의미를 갖는 다른 4개 박물관이 안테나로서 영역 내에 점재한다는 형태를 취했다. 그러나 현재는 5개 사이트(이미 안테나로 부르지 않는다. 정확히 말하면 팸플릿 이외에는 사이트라는 말도 쓰지 않는다. 각각 독립된 박물관으로서 존재하는 것을 인정하고, 고유명사로 부르게 되었다)는 각각 대등한 관계로 자리매김 되었다.

그 대등한 관계를 뒷받침해주는 구조로 협약관계에 의한 민주적 운영이 이루어졌다. 이것은 1994년의 운영규약 개정에 따른 것이다. 종래의 학술·관리·이용의 3개 위원회 형식에 의해서 전체의 방침을 결정하는 것이 아니라, 실정에 맞는 논의를 하여 각각의 사이트마다 운영을 자주적으로 행할 수 있도록 협약방식을 채택하게 되었다.

협약방식이란 각각의 사이트 운영을 지역 코뮌, 각 사이트의 어소시에이션, 에코뮈제 운영조직 3자의 협의에 의해 결정하는 것으로 각각 매년 1~2회의 정례총회와 임시총회가 열린다. 이는 각 사이트의 유산이 어소시에이션에 의해서 운영되고 자산은 각 코뮌이 보유하며, 제휴와 기본방침, 조정을 에코뮈제가 행한다는 3자 관계가 명확히 된 것이다. 단 각각의 어소시에이션 회의에도 코뮌이나 에코뮈제 운영조직이 출석하거나, 그 역으로도 행하고 있으며, 대등한 관계에 따른 실질적 운영이 도모되고 있다.

이와 같은 중앙화된 시스템에서 분산화된 풀뿌리적 시스템으로 이행해 가는 것은 매우 흥미 깊다. 설립 당초에는 어느 영역의 일체감을 강화함으로써 주민의 결속을 강화하고, 에코뮈제가 지도적 역할을 담당해 왔다. 하지만

---

[15] Varine, 1993

계속해서 전개하던 중에 서서히 각 지역의 독자성을 존중하게 되어 20년이 지난 현재 에코뮈제 조직은 프로젝트를 지탱하는 입장으로 변화해 왔다. 중심과 분관이라는 피라미드형 계층구조에서 대등한 네트워크 구조로 전환하는 것은 본래 에코뮤지엄이 찾던 모습을 시사한다. '크뢰조의 모험'은 아직도 계속된다.

활동내용

전체 5개 사이트와 1개 협력박물관 musée associe 으로 이루어져 있다. 1997년 현재 에코뮈제 운영조직의 어소시에이션 회원수는 약 100명이라고 한다.

사람과 산업 박물관

(Musée de l'Homme et de l'Industrie 〈Château de la Verrerie, 71200 Le Creusot〉)

18세기 후반에 유리공장으로 세워져서, 1830년에는 슈나이더 형제를 위한 저택으로 이용되었다. 1970년에 코뮌이 구입하여 수리하고 내부는 박물관 그리고 코뮌의 회의실과 지역 주민이 이용할 수 있는 집회소, 에코뮈제의 사무소 등으로 사용되었다. 외관은 잘 보존되었다. 유리수공업 전시가 주체가

❶사람과 산업 박물관
　(Le Creusot)
❷운하 박물관(Ecuisses)
❸「학교의 집」박물관
　화석 박물관(Montceau)
❹오래된 작은 수도원 박물관
　(Perrecy Les Forges)
❺기와 공장
　(Ciry Le Noble)

사람과 산업 박물관. 삼각뿔 모양의 옛 유리공방 건물

되어 ①1787~1832년 유리공업, ②1836~1960년 슈나이더가(家)와 철공업 역사, ③사람과 산업이라는 세 가지 상설전시를 한다.

연간 방문자수는 약 3만 5천 명이다.

ㄷ자형 건물과 안뜰에 2개의 원추형 건물이 있고, 그 내부에는 원래 유리화로가 있었는데, 현재 내부는 홀로 단장되었다.

박물관 운영은 에코뮈제의 어소시에이션이 맡고 있다.

운하 박물관
Musée du Canal 〈9e écluse 71210 Écuisses〉

18세기 말에 만들어진 운하를 보전하고, 그것에 관한 전시를 하는 박물관이다. 이 운하는 중앙운하 Centre Canal로 불리며, 이 지역의 동쪽으로 흐르는 손강과 서쪽으로 흐르는 루아르 Loire강을 잇기 위한 운하이다. 현재는 수운을 위한 운하 기능은 하고 있지 않다. 박물관은 동절기 이외에 일반 공개하고 있다.

박물관 전시시설은 2개 있으며, 하나는 수문 관리인이 살던 건물을 코뮌이 비용을 부담하여 수리한 것이다. 전시내용은 운하 기술이나 경제의 역사,

운하의 수문과 육지로 올라온 아르망송(왼편 안쪽)

    수문의 기능 등에 관한 것이다. 다른 하나는 이전에 운행했던 운송선 '아르망손'을 육지로 끌어올려서, 내부를 수리하여 전시실로 만든 것이다. 이 내부에는 운하를 이용한 수운업의 역사, 특히 뱃사공의 생활이나 운송선의 규모 등을 보여주는 영사코너가 설치되어 있다. 다른 박물관과 마찬가지로 시설건물은 코뮌이 소유하며, 운영은 1990년에 발족한 '중앙운하 어소시에이션'이 맡았다. 회원수는 1997년 현재 약 400명이다.

    어소시에이션은 이 시설을 사용하여 활동하며, 2년에 한 번은 운하축제를 개최하거나 유람선을 이용한 운하 관광투어 등도 사업으로 시행한다. 그 외에는 수질에 대한 독자적 조사연구 등도 실시한다. 어소시에이션은 1995년 2월에 에코뮈제 운영조직과 코뮌과의 3자 협약을 맺었다.

'학교의 집' 박물관
Maison d'Éole ⟨39 rue jea Jaurés 71330 Montceau⟩

설립 당초 세 시대(1881-1923년, 1923-60년, 1960년 이후)의 교실을 재현하여 전시했다. 하지만 현재는 두 시대(19세기 후반, 20세기 초기)의 교실을 재현했다. 현재 실제로 사용하는 학교 안에 있는 교실 하나를 전시실로 마련했다.

1994년에 발족한 '학교의 집'이라는 어소시에이션이 운영하며, 회원은 약 70명 정도인데 교직 경험자가 많아서 기획내용이 충실하다. 전시해설자로 5명의 스태프가 있다.

지역의 연장자가 아이들에게 생활문화의 역사를 이야기로 전해주는 활동을 한다. 일반 학교교육 교사와 공동으로 교육 프로그램을 만들거나 전시와 이벤트를 기획하며, 연간 약 1천 명의 학생이 이용한다.

오래된 작은 수도원 박물관
Musée du Prieuré ⟨Élise St Pierre et St Benoit, 71420 Perrecy Les Forges⟩

건물은 작은 수도원으로 이 지역에 남아 있는 유일한 교회 건축물이다. 이 지역의 로마네스크 왕조 스타일의 갖가지 요소를 전시한다. 이 박물관의 관리를 위한 어소시에이션이 따로 조직되지 않고, 에코뮈제 조직이 직영한다.

기와공장
Tuilerie des Touillards ⟨Ciry Le Noble⟩

1893년에 세워진 공장건축물이며, 1967년에 폐쇄되었다. 1995년에 코뮌이 구입했는데, 이 중에서 에코뮈제가 했던 활동은 코뮌과 고용촉진국의 공동사업이다. 그 사업은 1996년 12명의 실업자들을 고용하여 건물이나 기계의 복원작업을 통해서 직업훈련을 실시하는 것이다. 이와 같은 사회적 사업은 지역의 교육기능을 가지고 있고, 지역만들기 활동을 지향하는 에코뮈제만이 할 수 있는 활동이다.

화석 박물관(협력박물관)
Musée des Fossiles 〈76 Quai Jules Chagot, 71300 Montceau〉

에코뮈제의 정식 사이트가 아닌 협력시설로 자리매김되어 있다. 화석 박물관의 컨서베이터는 에코뮈제의 컨서베이터가 겸임하고 있기 때문에 에코뮈제의 운영과 연동, 일체적인 활동이 가능하다. '피지오필'Physiophile이라는 어소시에이션이 운영하고 있는 박물관이다. 석탄지층의 동식물 화석을 전시한다.

 푸르미 트렐롱 에코뮈제
정평이 나 있는 박물관으로서 조직을 확립한 지방도시형의 대표적 존재

지역 개요

푸르미 트렐롱 지역은 파리에서는 북쪽으로 2시간 반, 릴과 브뤼셀에서는 1시간 반 정도의 거리에 있으며, 벨기에와의 국경 근처에 위치한 노르 지방 아베노아 지역에 속해 있다. 에코뮈제는 푸르미 마을과 그 북동쪽 약 7km에 있는 트렐롱을 중심으로 한 푸르미 트렐롱 지역을 영역으로 한다. 그 영역은 약 20개의 코뮌으로 구성되어 있는 인구 3만 5천~4만 명의 지역이며, 남북으로 30km, 동서로 20km에 걸쳐 있다.

이 지역은 프랑스에서도 비교적 빠른 시대에 번영했던 지역이다. 1850년부터 양모직물, 유리산업이 발달했고, 통신수단과 기술이 진보했던 시기에 발맞추어 19세기에는 이들 산업에서 크게 번성했던 역사를 가지고 있다.

그러나 그 번영이 사람들에게 일률적인 취업형태를 취할 것을 재촉했고, 그래서 모두 이 산업에 종사했지만, 사회와 경제의 위기에 직면하여 1974년

오일쇼크 등을 거치면서 1970년대에는 거의 모든 산업이 쇠퇴해 버렸다. 이 지역의 번영은 다른 도시에서 볼 수 있는 대기업에 의한 도시화·인구 집중과는 다른 양상으로 보인다. 작은 기업주의 집적에 의해서 성립했다는 점에서 산업쇠퇴에 맞설 힘이 없었다. 전성기에는 30개 이상의 유리와 방적공장이 있었다. 하지만 현재는 하나도 남아있지 않다.

연혁

설립에 즈음해서 푸르미 방적교육센터 교사였던 P. 카뮈자 Pierre Camusa가 창설에 큰 공헌을 했다. 카뮈자는 1969년부터 방적기계를 보호하는 활동을 했다.

1977년에 현재 디렉터인 M. 구자르 Marc Goujard(당시 푸르미 문화센터 관장)가 에코뮈제로 정비하는 것을 제안하고 활동을 시작했다. 활동의 단기목표는 계속 파괴되고 있는 방적기계와 유산, 귀중한 장소를 기록하고, 자료를 수집하고, 그것을 전시한다는 진정한 박물관 만들기 활동이라고 할 수 있다. 산업에 도움이 되는 기계와 기술, 그 유적 등을 보호하고, 문서와 증언을 수집함으로써, 지역의 전통적 산업을 전망, 장래 주민에 의한 지역 활성화의 길을 열기 위해서 산업유산을 정비하는 것을 주목적으로 에코뮤지엄이 창설되었다. 최초의 활동은 주민들에게 옛날에 자랑할 만한 산업지역이었다는 기억을

되찾아주는 것이었다.

구체적으로는 우선 1978년, 79년에 문화센터와 지역 전체의 초등학교에서 교육프로젝트 계약을 맺었다. 이 프로젝트는 '푸르미 지방 100년의 사회경제생활'이라고 이름 붙이고, 우선 초등학생들에게 가정에서 할아버지들과 아버지들이 어떤 일을 하고, 가족은 어떻게 생활하고 있었는지를 조사하게 했다. 그 아이들의 증언이 많은 사진과

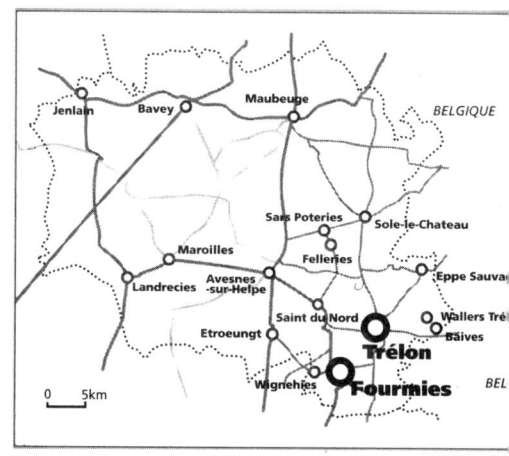

기록자료, 기자재 등의 수집으로 이어졌다. 아주 개인적인 자료도 많이 있었다. 게다가 각각의 초등학교에서 추억의 물건들을 진열하는 전시회를 열어서 서로 공개하게 되었다.

한편으로 60세 이상인 사람들이 어소시에이션을 결성하여 추억을 수집하는 활동을 시작했다. 고령자 그룹이 아이들이 모은 자료에 여러 지역 특유의 의미를 규정하고, 유산에 가치를 부여해 가는 작업을 했다. 그들 자신의 역사를 이야기해 주거나, 방언과 노래 등을 녹음함으로써 여러 기록과 증언이 축적되어 갔다.

이 활동들을 바탕으로 하여 1980년에 손수 만든 첫 전시회를 본부 시설이 들어설 방적공장에서 열었다. 이 방적공장은 1874년에 건설된 건물이었는데, 마침 푸르미 시 당국이 매입한 지 얼마 되지 않은 때였다. 당시는 창문 유리도 없고, 지붕도 떨어져서 없었기 때문에 날씨가 좋은 날만 골라서 전시회를 열었다고 한다. 이 전시회를 위해서 주민의 기증과 수집에 의한 여러 기록, 서류, 사진류 그리고 기부금이 모아졌고, 이것이 에코뮈제의 시초가 되었다. 또한 자료의 수집 과정에서 겪는 학습과 연대를 통해서 자원봉사자 네트워크가

EMYA 대상 마크

형성되고, 이것도 에코뮈제 활동을 유지하는 조직의 원형이 되었다.

이 전시회의 성공을 바탕으로 같은 해 6월에 연합회로 인가를 받고, 정식으로 에코뮈제 활동이 시작되었다. G.H.리비에르와의 교류를 통해서 지역의 유산을 보호하고, 박물관으로서의 에코뮤지엄 기반을 형성했다.

설립으로부터 5년 정도는 여러 지역의 사이트를 확보하는 시기였다. 약 20개소의 코뮌에 박물관 네트워크를 형성하기 위해서 조금씩 사이트를 늘렸다. 1983년에 트렐롱의 유리공방박물관, 1984년에는 왈레의 파뉴관, 1985년에 생 뒤 노르의 보카쥬관, 1986년에는 리에씨의 종교유산센터와 같이 매년 하나씩 사이트를 열었다.

그동안에 1982년 학술위원회가 결성되어 보다 학술적인 조사연구가 이루어졌다. 대학과 연구기관의 교류, 제휴도 점점 깊어져서 카탈로그, 인쇄물 등의 활동 밀도가 높아졌다.

1990년에는 유럽 뮤지엄 대상 EMYA, European Museum of the Year Award 을 수상하기도 했다. 프랑스의 박물관으로는 세 번째의 영예이고, 에코뮤지엄으로 이 대상을 받은 것은 전 세계에서 지금껏 유일무이하다. 박물관으로서 완성도·정비도는 매우 높으며, H.위베르가 말하는 두 가지 에코뮈제의 분류 중 '시설형 institutional 에코뮤지엄'의 전형적인 예라고 말할 수 있다.[16]

에코뮈제의 발전

푸르미 트렐롱 지역을 더욱 확대시키려는 목적으로 아베노와 지역 에코뮈제로

---

[16] Hubert, 1985

명칭을 바꾸려는 움직임도 있다. 설립 당초 에코뮈제는 산업 마을을 주체로 결성했지만, 대상지역을 보다 넓히고 풍부한 자연환경까지 거두어들이는 에코뮈제로 발전시키려는 계획이다.

또한 1992년 아베노와 지역의 지방자연공원을 제정시킨다는 움직임에 에코뮈제도 추진단체로서 크게 공헌했다. 프랑스에서 에코뮈제의 초창기에는 지방자연공원이 모체가 되어 만들어진 것이 많고, 제1세대로 불리는 그러한 에코뮈제들은 최초의 지방자연공원이 존재하고, 영역이 확보된 이후 활동에 에코뮈제가 생명을 부여했다. 이것과 반대로 푸르미 트렐롱에서는 처음에는 지역을 보호하려는 뜻만으로 아무것도 갖고 있지 않은 주민의 힘에 의해서 에코뮈제가 어소시에이션으로서 설립되었다. 서서히 건물과 활동거점을 얻은 끝에 당당히 제도로서 자연공원을 인정받게 되었다. 발전하는 에코뮈제 중 하나의 성공 사례라고 할 수 있다.

현상과 전체구성

푸르미 트렐롱 에코뮈제도 많은 자원봉사자에 의해서 운영되고 있다. 구성원과 자원봉사자는 지역 전체에 퍼져 있으며, 150명 정도가 실제로 활약하고 있다. 이 에코뮈제는 하나의 큰 어소시에이션에 의해 운영되고 있으며, 각각의 사이트는 에코뮈제가 직원을 배치하고, 자원봉사자가 보조하는 형태로 이루어져 있다.

현재 관람자는 매년 8만 명 정도이지만, 1997년에는 불황으로 20% 감소하여 6만 5천 명이 되었다. 관광업으로 성공한 것을 바탕으로 삼아 고용을 창출하고 경제적 사회적 활동에 관여하며, 박물관으로서 프랑스에서 매우 유력한 에코뮈제가 되었다.

사이트

여기서는 안테나로 부르지 않고 사이트 또는 '기억의 장소'로 불린다. 모든 사이트는 동등한 자발성을 가지며, 가치에 우열은 가리지 않는다는 방침이다. 그렇지만 현실적으로는 이 사이트들 중 '직물과 사회생활 박물관'에는 에코뮈제 본부가 있고, 가장 큰 중심시설이다. 설정되어 있는 안테나에 해당하는 사이트는 다음과 같다. 사이트 명칭 뒤의 괄호 안에는 장소를 표시했다.

- 직물과 사회생활 박물관(푸르미)Le Musée du Textile et de la Vie Sociale(Fourmies)
- 유리공방 박물관(트렐롱)Atelier Musée du Verre(Trélon)
- 보카쥬의 집(생 뒤 노르)La Maison du Bocage(Sains du Nord)
- 파뉴의 집(왈레 트렐롱)Maison de la Fagne(Wallers-Trélon)
- 종교유산센터(리에씨)Le Conservatoire du Patrimoine Rellgiaux(Liessies)

해설의 오솔길

지역을 이해하기 위한 해설의 오솔길Sentiers d'interpréation은 다음 5개소가 1998년판 자료에 실려 있다.

- 자연과 건축물 오솔길(위뉴이)nature et architecture(Wignehies)
- 계절의 리듬 오솔길(생 뒤 노르)Au rythme des saisons(Sains-du-Nord)
- 유리와 자연 오솔길(트렐롱)Verre et nature(Trélon)
- 수도원(리에씨)《chame et séréité》 autour de l'abbaye(Liessies)
- 석탄암의 대지(몽 드 베브)une flore d'exception sur la pelouse calcaire(Monts de Baives)

협력박물관

상기 사이트 외에 에코뮈제와는 운영주체가 별개로 존재하지만, 에코뮈제와 협력하여 활동하고 있는 민간 박물관이 있으며, 협력박물관Les Musées associés으로 자리매김된 것이 몇 개 있다. 1998년판에서 다음 2개소를 소개하고 있다.

- 부아졸리의 수차(펠레리)Moulin des Boisjolis(Felleries)
- 수차 박물관(사르 포테리)Moulin à eau(Sars-Poteries)

한편, 1996년의 자료에 의하면 위의 2개소 외에도 협력박물관으로서 다음 시설을 들고 있다.

- 세관(에스트뤼)Halte à la Douane(Hestrud)
- 대수도원의 부지(생 미셸 앙 띠에라슈)Site Abbatial(Saint-Michel en Thiérache)
- 삼림과 전원생활박물관(생 미셸 앙 띠에라슈)
  Le Musée de la Vie Rurale et Forestiére(Saint-Michel en Thiérache)

이 외에 현재 개설을 준비 중에 있는 세관과 국경 박물관을 설치할 예정이다.

각 사이트의 특색

직물과 사회생활 박물관(푸르미 방적공장)

1874년에 지어진 프루보 마쥐렐Prouvost-Masurel 방적공장 건물에 있다. 직물과 사회생활의 박물관Le Musée du Textile et de la Vie Sociale으로 이 지역의 상징적 존재이고 에코뮈제의 중심시설이다. 상설 센터로 자리매김되어 있으며, 에코뮤지엄 본부, 전시시설, 숍, 영상홀(리비에르 홀이라고 이름 붙여져 있다) 외에 별동으로 기획전시동 등이 있다. 건물은 코뮌이 보유하며 낡은 방적공장 내부를 개축하여 사용한다.

공장부분은 그대로 동작재연 전시실로 활용되며 시대순으로 동력장치와 기계가 진열되고, 자원봉사자인 해설자가 실제로 기계를 움직여 동작을 재연한다. 공장노동자를 감시하는 직원의 방도 재현되어 있다.

본부(직물과 사회생활 박물관) 외관

직물공장 안에 위치하는 전시실은 푸르미의 사회생활을 전시한 박물관이며, 생활기기류 전시 그리고 주거의 실내나 학교 교실 등, 실물크기의 다양한 건축공간이 전시되었다. 최고 번성기 거리모습을 재현한 전시에는 가로의 포석 등도 재현되었으며, 술집과 빵가게, 구둣가게 등의 건물을 배치하여 하나로 정리된 거리가 똑같이 복원되었다. 이 실내에 전시된 자료는 모두 주민의 수집에 의해서 기증되고, 당시 기억에 의해서 구성된 것이다.

1995년에는 부지 내 특별전 공간($400m^2$)을 신설하여 기획특별전을 열 수 있게 되었다. 1996년에는 본관 입구의 기프트숍 정비와 상설전시 정비를 하였다. 이 시설만으로도 어느 정도의 규모를 가진 멋진 박물관이라고 할 수 있다.

본부 건물에는 관리부문과 연구실, 보관고 등이 있으며, 현재 관장인 구자르가 사무국장을 맡고 있는 '에코뮈제와 사회박물관연맹'의 여러 자료와 출판물을 보관하는 창고도 이 시설에 마련되었다.

사회생활 전시부분. 학교의 교실 내 재현

유리공방

1824년 지어진 유리공장 Atelier Musée du Verre으로 1925년까지는 샴페인 병 등을 만들었는데, 이후에는 향수병을 만들었다. 1977년에 공장은 폐쇄되었지만, 1983년에 코뮌이 사들여 에코뮈제로 재생시켜서 공개했다. 고대부터 현대까지 유리의 역사, 이 지역의 특색이 전시되어 있다. 용융로로서 1850년 창업한 베타우스로와 1920년 창업한 스테인로가 보존되었다. 내부에는 공방, 전시실, 뮤지엄숍 등도 있으며, 숍에서는 유리제품을 구입할 수 있다.

공방에서는 용융로 옆에 유리 장인 2명이 유리그릇 제작을 실제로 재연하고, 자원봉사자가 해설을 한다. 이 마을의 유리공장이 모두 폐쇄되고 나서부터 유리 장인들은 한 명도 남아 있지 않지만, 에코뮈제를 위해서 한 명의 장인이 돌아와 주었다. 그 장인이 주인이 되어 유리 불기 제작을 시작할 무렵, 새롭게 젊은 장인이 제자로 들어와 현재는 두 명이 제작하고 있다.

유리공방 외관

보카쥬의 집

농가 부지와 인접한 농지를 보전하여 창고와 본채에 보카쥬의 집 La Maison du Bocage 이라는 전시장을 설치하였다. 농업에 관한 전시와 계속 감소·소멸하고 있는 보카쥬(목초 등을 주로 한 목초농경지)를 전시했다. 1983년에 생긴 지역농업활동그룹의 어소시에이션이 1985년에 에코뮈제의 어소시에이션에 합류하는 형태로 발족했다. 여기에서는 단지 유산을 전시하는 것만으로는 보통 박물관과 다를 게 없으며, 에코뮈제는 장래를 생각한다는 점이 중요하다고 주장한다. 이 점에서 농업기자재, 장래성 있는 기술 등의 전시와 현재 개발하고 있는 농업생산품의 가공판매소 등도 병설하고 있다. 창고의 전시장은 1997년에 정비했다. 이 장소를 기점으로 작은 동식물을 발견할 수 있는 보카쥬 주변의 산책길도 정비했다.

보카쥬의 집(농업 박물관) 외관

현재의 농산품 소개전시·판매 코너

건물 안의 전시실

파뉴의 집

파뉴의 집 Maison de la Fagne의 특징은 피에르 블루라고 하는 청석이 건축자재로 사용된 것이며, 1804년에 건설된 건물 내부가 전시장으로 쓰이고 있다. 이 건물은 신부의 주거지로 사용했지만, 1987년에 전시장으로 수리했다. 이 지방의

파뉴의 집 외관

암석 성분과 그 암석을 자르는 방법과 공법, 건축자재로 사용하는 방법, 실제로 사용하고 있는 건물의 패널 등이 전시되어 있다. 돌 속에는 데보니아기의 화석 등이 포함되어 있기도 하다.

종교유산센터

종교유산센터 Le Conservatoire du Patrimoine Rellgiaux는 1992년에 사이트로 설정된 시설로 종교생활의 다양한 측면을 소개했다. 6세기에 창립된 베네딕트 수도원의 시설터에 있다. 시설은 18세기에 붕괴해 버렸지만, 도가 소유하고 있는 48헥타르 면적의 공원이 남아 있다. 1994년 이곳에 종교예술공방이 창립되었다. 이곳에서는 종교예술가인 미셀 카를리에가 예술작품을 제작하고, 복원 작업도 하였다.

부아졸리의 수차

부아졸리의 수차 Moulin des Boisjolis는 15명으로 구성된 자원봉사자 어소시에이션에 의해서 운영되고 있으며, 1995년에 협력박물관으로 지정되었다. 제분공장 건물을 복원하여 전시를 한다. 수력의 전달기계와 제분 기계뿐만 아니라 수차의 동력을 이용한 목공기계를 설치하고, 방적에 필요한 보빈 bobbin 제작을 한다. 자원봉사자 젊은이가 이전에 지역의 대표 제조업이었던 목공작업을 실제로 재연하고 있는데, 그는 이 공장건물에 인접한 건물에 자신의 공방을 가지고 있으며, 그곳에서 아버지와 함께 목공품을 제작, 판매도 한다. 젊은 감각에 의한 새로운 수공예작품을 토산물로 팔 수 있으므로 관광산업으로도 기능을 한다.

녹로대에 의한 목공품 제작 과정을 자원봉사자가 재연해 보이고 있다.

목공제작공방(부아졸리의 수차시설 바로 근처에 인접해 있다)   목공제품의 즉판 코너

수차 박물관

부아졸리와 마찬가지로 1995년에 지정된 수차 박물관 Moulin à eau이다. 이 수차는 이곳에 1470년부터 있었다가 1750년에 한번 무너지고, 1780년에 재건된 것으로 개인이 소유하는 수차장치로는 매우 멋진 것이다. 수차는 실제로 1963년까지 이 지역 제분업 시설로 가동했지만, 그 이후는 비용이 들어서 복원시키지 않고 있다. 1972년에 손으로 직접 만든 전시해설을 곁들인 수차 박물관으로 정비하여 소유자인 고령의 여성이 관리운영하고 있다. 이 여성은 인근 집에서 태어나고 자랐으며, 교사경험과 수차에 관한 기사를 썼던 라이터 경험도 있어 수차에는 각별한 애정을 가지고 있다.

이 수차 박물관은 협력박물관이므로 에코뮈제는 가이드북에 싣고 안내와 정보제공을 하는 것뿐이며, 운영에 대한 보조금은 전혀 나오지 않는다. 이 때문에 유지관리는 완전히 사적으로 이루어져야 하며, 경제적으로도 매우 힘들다고 한다. 현재는 시설유지를 위해서 입장료를 받고 공개하며, 개인 박물관으로서 이 여성 한 명이 해설과 실제 재연을 하는 상황이다. 에코뮤지엄은 이와 같은 개인 유산에 대한 자부심과 애착으로 유지되는 점도 크다.

개인 소유인 수차 박물관. 지역의 초등학생들이 소풍갈 때 반드시 들르는 명소가 되었다.

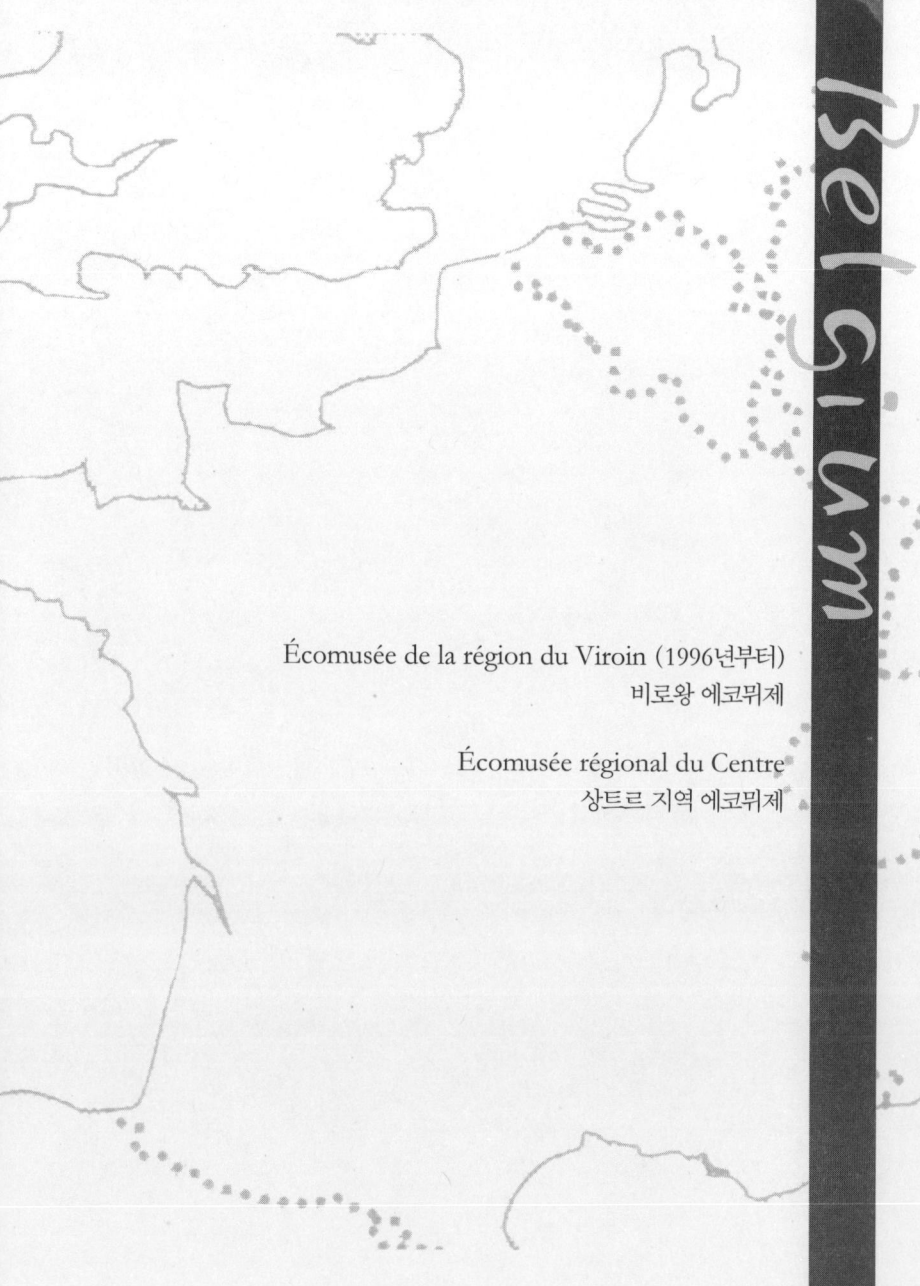

Écomusée de la région du Viroin (1996년부터)
비로왕 에코뮈제

Écomusée régional du Centre
상트르 지역 에코뮈제

 ## 비로왕 에코뮈제
환경연구센터 설치를 계기로 대학연구기관과 협동작업으로 전개

지역 개요

이 에코뮈제의 본거지 트레뉴 마을은 벨기에와 프랑스의 국경지, 비로왕 지역에 있다. 르뱅 Levin(프랑스)과 나무르 Namur(벨기에) 마을 사이에 있으며, 아르데누 산악지대에 있다. 비로왕 지역은 샤루로와 지역의 위쪽에 위치하고 있다. 그 영역은 산브루 강과 뮤즈 강 사이에 있는 지역으로 10개의 코뮌으로 구성되었고, 인구는 4,500명 정도이다.

이 지역에는 약간 높은 산들이 많으며, 그 산들은 석탄질 암석으로 이루어져 있다. 흙은 별로 없고, 석탄질 암반에 의해서 대지가 생겼기 때문에 흙 속 미생물을 위한 기후환경이 독특한 것으로 알려져 있다. 지역의 생물층은 풍부하며, 귀중한 난과 시갈이라는 작은 매미가 이 지역 특색 있는 생물이다.

정치적으로도 특색 있는 지역이다. 16세기부터 17세기에 걸쳐서 프랑스와 네덜란드를 잇는 큰 주요도로 가운데에

있었기 때문에 이 트레뉴 마을은 양국 사이에 끼어서 항상 정세가 불안정했다. 게다가 군대들이 지나다니고, 마을 사람들과 물자를 약탈하는 등 이 시대 마을사람들은 매우 힘들었던 역사가 있다. 그래서 마을의 유력자는 자주방위를 위해서 성채를 축조했다. 일반 마을사람들은 성 바로 가까이에 있는 교회가 피난처가 되었다고 한다. 자주방위 후 17세기가 되자 리에쥬가 이 마을을 통치하고, 보호하게 되었다.

이전에 바깥 지역과의 접점으로 활약했던 트레뉴 철도역에 지금은 열차가 달리지 않고, 역으로서 기능을 하고 있지 않지만, 1970년대부터 민간 관광회사가 증기기관차 CFV3V를 달리게 했다. CFV3V 박물관 옆에는 간단한 구매시설이 있으며, 관광지로서 역주변 개발을 시도했다. 역 바로 안에 있는 공간은 시민 광장으로 사용하고 있으며, 용마루 기와로 만든 집합주택이 늘어서 있다.

지역 건축물에서는 시대적 특색이 보인다. 특히 16세기부터 18세기에 걸쳐 지어진 건축물은 각각의 시대를 반영한다. 병사에 의한 수탈 역사인 16세기를 지나 17세기가 되어서 리에쥬가 이 마을을 통치하게 되자 여러 항구적인 건축물이 지어지게 되었다. 과거 병사들의 약탈로부터 몸을 지키려고 지었던 피난처로서의 건축물 대신에 방위보다도 사람이 사는 데 쾌적성을 중시한 건축이 지어졌다. 그 역사는 창문 형태로도 나타난다. 이 무렵 건물 창을 보면, 오래된 시대의 건물보다 새로운 시대의 건물일수록 쾌적성을 중시해서 빛을 많이 들어오게 하는 창문 형태로 변화해 왔다.

16세기: 단순하고 작게 열린 창문이 띄엄띄엄 있다.

17세기: 작은 창문이 모여서 열리는 부분 면적을 줄였다. 창틀이 돌로 되어 있는 스타일.

18세기: 창틀이 나무로 되었고, 크게 열린 창문에 창살이 생기게 된다.

설립과 조직

최초로 이 지역에 브뤼셀 자유대학Universite Libre de Bruxelles(이하 ULB로 약칭)이 관련되기 시작한 것은 트레뉴 철도역 역사(에코뮈제 본부시설로부터 800m 정도 떨어진 장소에 있다)를 대학이 사들여 환경연구센터로 이용한 것에서 비롯된다. 원래 대학 부속연구기관이며 지역의

창틀 형태에 따라 역사를 알 수 있다.

독특한 환경에 관한 연구논문을 쓰기 위한 연구시설로서 유럽 내 몇몇 지역에 설치된 것 중 하나이다. 이곳에서는 주로 생물학의 환경연구센터로 설치되었다.

이 지역은 환경 연구에서 생물학적으로 관심이 많은 지역이라는 관점에서 설치된 것이다. 현지에서 연구를 진행함에 따라서 지리적으로나 문화적으로 흥미 깊은 지역이라는 점을 알게 되었다. 그래서 대학이 출자해서 에코뮈제의 어소시에이션을 설립하고, 트레뉴 지역을 문화 역사적인 연구 대상지역으로 자리매김하기로 했다.

한편, ULB는 이 에코뮈제 외에도 샤를로와에 과학박물관, 에라스무에 의학박물관 등의 박물관 시설을 갖고 있다.

비로왕 에코뮈제는 다른 전문분화된 박물관과 달리, 처음에는 생물학 연구로 시작한 것이기는 하지만, 지금은 자연·문화·역사를 포괄하는 학제적 '지역연구'의 박물관으로 자리하고 있다.

무릇 이 비로왕 지역에는 석탄질 토양에 의한 생물층의 특수성 이상으로, 인간생활·역사·민속에도 매우 흥미 깊은 것이 있다는 점을 알아차린 것은

대학의 민속학 연구자였다. 그들은 1980년 이후에 우선 트레뉴 마을 사람들을 인터뷰하기 시작했다. 마을 사람의 증언을 기록하고, 동시에 농업을 위한 도구와 생활재 등도 기증받아 수집품으로 모았다. 긴 시간 동안 수집활동을 계속한 결과 6,000점 정도의 수집품이 모이고, 120대의 농업기계와 4대의 수확기계도 얻었다. 그래서 테마를 만들고 전시회를 열자고 마을 사람들에게 제안하여 주변 마을과 공동으로 전시회를 개최했다. 6,000점의 수집품 중 85%는 기증에 의한 것이고, 15%는 구입한 것이다.

그리고 1982년 성채를 ULB가 사들이고, 어소시에이션을 발족시키고, 정식으로 이 건물을 에코뮈제의 거점시설로 하여 활동을 시작했다.

1989년에는 성채의 마구간 1층 부분을 전시장 '시골생활과 테크놀로지 박물관'으로 정비하고, 에코뮈제의 주요한 상설전시로 일반 공개하고, 문화청에서 박물관으로 공인되었다.

또한 최근에는 1996년 명칭을 트레뉴 에코뮈제에서 비로왕 에코뮈제로 명칭을 변경했다. 트레뉴 마을만으로 지역을 한정시키지 않고, 대상지역을 비로왕 지역 전체로 넓힌 것이다.

운영조직

지역 주민 9명의 직원과 관장(회장)과 사무국장이 정직원이다. 직원은 기술자와 애니메이터이다. 후자는 학교기관과 교직원 등에 해당하며, 교육 프로그램을 짜고 교육보급활동을 한다. 사무국장은 부회장으로서 컨서베이터인 울라디끼네 Wlady Quinet가 맡고 있다. 그는 대학 연구자이기도 하지만, 박물관학 전문직이기도 하며, 에코뮈제의 실질적인 책임자이다. 관장(회장)은 동물 분류학을 전공한 연구자로 1998에 정년이 되어 명예직으로 남아 있다.

그 외에 운영을 위해 실업자들이 중요한 기능을 하고 있다. EU와 나라가

문화적 프로젝트에 맞춰서 실업자를 고용하는 곳에 보조금을 준다. 채용 인원은 이 지역의 구체적 실업자 수 등의 통계수치에 의해서 결정하도록 되어 있다. 이 보조금으로 일하는 사람은 원칙적으로 실업자이지만, 이렇다 할 자격을 갖지 않은 자가 많다. 사회재편입을 위한 프로젝트이므로 여기에서 일하고, 기술을 익히는 것도 목적 중 하나이다.

이 보조금 제도에 의한 고용자에게 월급을 주는 것은 에코뮈제이지만, 그 중 95%는 나라 및 지방정부로부터 받는 보조금이다. 남은 5%는 에코뮈제 자신이 지불할 필요가 있다. 연간 급료는 1인당 약 125만 벨기에 프랑이다.

원래 에코뮈제는 비이익단체이기 때문에 문화사업에 대해서 나라로부터 보조금을 받을 수 있으며, 재원의 일부가 책정되어 있다. 연간 프로그램, 실적에 의거한 신청에 의해서 금액이 매년 결정되지만, 고작해야 연간 예산은 20만 벨기에 프랑 정도로 결코 큰 액수는 아니다.

설립모체인 대학ULB도 지원금을 낸다. 또한 컴퓨터 관련 비품 등은 대학이 부담하여 설치했다.

정직원 외 스태프 등 자원봉사자는 프랑스에 비해서 적은 편이다. 지금은 자원봉사자로 참가하는 주민도 약간 있지만, 1982년 당시 나무에 관한 전시를 할 때에는 산속에서 개방적이지 않은 사람들이 사는 지역이라는 점을 명확히 알게 되었다고 한다. 초창기에는 주민과 에코뮈제 사이에 거리가 꽤 있었고, 하나가 되어 일하기보다 학생과 선생님 관계였다고 한다.

방문자는 연간 8천~1만 명이다. 더욱 증가했으면 좋겠다는 생각을 하지만, 지금은 카페 등의 시설이 충분하지 않은 상태이므로, 실제로는 그만큼 받아들일 수 없는 실정이다. 높은 입장료를 받고, 적은 방문자로 운영하는 쪽이 좋다는 판단이다.

방문자의 70%는 아이들, 나머지 30% 중에서 지역 주민은 적다. 그러나 주민은 평균적으로 연간 1회 정도는 오고 있다고 생각한다. 단 그것은 이곳을 운영하는 마케팅 방침에 의한 결과이며, 이곳에서는 일반이 아닌 교육부문에 중심을 두고 있다.

아이들을 첫 번째 대상으로 한다면, 두 번째 대상은 제3세대이다. 즉 노인 혹은 대학연구자 등으로 이들에 대해서는 투어를 기획하거나 식사제공 세미나 등을 기획한다. 결국 평생학습 세미나로서 관광을 겸한 문화관광투어에 대한 기획이다.

어소시에이션 이사회는 지역 주민(교사와 마을관공소 사람 등) 4명, ULB(건물 소유자) 4명으로 이루어져 있다. 이사회에 의해서 운영방침이 결정되고, 회장이 선출되고, 부회장과 사무국장으로 컨서베이터가 직무에 임한다.

지역과의 결합을 다지기 위해서 지역 사람들과 매년 에코뮈제 축제를 연다. 어소시에이션의 200명 정도 멤버와 주민이 같이 모여서 개최한다. 한편, 어소시에이션은 일반 개인의 연회비 400 벨기에 프랑의 회원에서 4,000 벨기에 프랑의 회원까지 몇몇 등급이 있다.

시설구성

비로왕 지역 에코뮈제에는 현재 아래에 표시한 네 가지 안테나가 있다. 그중 시골생활과 테크놀로지 박물관은 본부가 있는 성채 시설 내에 있으며, 테마를 가지고 있지만, 사실상 중심시설로 기능한다. 농업기계 박물관과 환경연구센터는 거의 동일 사이트에 있으므로 사이트는 3개소인 셈이다.

이들 박물관에 전시하고 있는 소장품은 에코뮈제 소유이지만 건물은 ULB 소유이다.

성채 시설 일대는 몇 번이나 증축되어 왔으며, 가장 오래된 것은 16세기 건축물이다. 성 전체는 다섯 번 화재로 소실, 도괴되었기 때문에 긴 시간 사용되지 않았으나, 1978년에 최초로 복원공사가 이루어져 에코뮈제 본부로 사용한다. 그 후에도 서서히 복원을 진행해 왔다. 최근에는 1998년 2월에 복원공사가 끝났다. 한편, 건물은 문화재로 지정되었고, 복원에 1,800만 벨기에 프랑이 들었다. 그중 1%를 코뮌이 내고, 80%를 왈롱 지역이, 1%를 나무르 주(州)가, 나머지 18%를 ULB가 각각 부담했다.

문을 들어서면 좌측에 탑이 있고, 그 안에는 농가건물이 있다. 우측에 있는 건물은 이전에 마구간이었지만, 현재는 전시동 '시골생활과 테크놀로지 박물관'으로 사용한다.

에코뮈제 본부 건물.
성채 왼쪽에는 교회가 서 있는
거리 중심지

성채 건물 내 일부를 본부사무소로 사용한다.

문 바로 앞에 탑이 있는 건물에는 옛날에 마을촌장이 살았으며, 그 뒤편에는 농민이 살던 농가가 있다. 농가 다락방에는 곡물저장고가 있는데, 지금은 수리하여 회의실, 집회실, 전시실로 이용한다. 그 농가 앞 정원은 광장으로 되어 있다. 이 건물들과 정원을 이용해서 가끔 전시와 이벤트를 한다.

우리가 방문했을 때, 농가 전시장에서는 마침 마리오네트, 인형극 전시가 이루어지고 있었으며, 이것은 주(州)의 문화 서비스 부문과 제휴한 전시사업이었다. 이 같은 임시 기획전의 경우 나라가 통상 60~80%를 보조한다고 한다.

시골생활과 테크놀로지 박물관

성채 시설 문을 들어서서 우측 부분에 원래 마구간이었던 건물이 전시동이며, '시골생활과 테크놀로지 박물관'Musée de la Vie et des Technologies Rurales으로 개관했다.

전시의 기본 의도는 귀중한 것을 수집보존하는 것을 주목적으로 하고 있지 않다. 실물을 눈으로 봤을 때의 감동, 만졌을 때의 감촉 등을 통해서

시골생활과 테크놀로지 박물관 내부

과거를 감지할 수 있다는 생각에서 적극적으로 공개하고 만질 수 있게 했다. 쇼케이스 안에 보관해 만질 수 없게 한 귀중품은 거의 없다. 수집품 전시·교육은 이해를 돕기 위한 시도일 뿐이며, 중요한 것은 '현지의 유산 속에 실제로 살고 그것을 소중히 여긴다'는 점이라고 여기고 있다.

예를 들면 목재 자원의 생산장에는 많은 직종이 관련되어 문화를 형성한다. 나무신발 등 목재 가공품뿐만 아니라 한 그루의 나무를 벌채하는 기술을 위한 다양한 직업도 관련되어 있다. 이전에는 통나무를 운반하는 운송업, 말 보살피는 일, 마구(쇠사슬과 벨트, 말편자 등)의 제작 등 매우 많은 직업이 있었다. 그 기술의 역사 등을 전시한다.

환경연구센터

1972년에 ULB가 역사를 사들여 환경연구센터 ULB Lanoratoire de l'Environment를 만들었다. 트레뉴에 에코뮈제가 생기게 된 계기를 마련해 준 건물이다. 대학에서는 이곳을 거점으로 한 연구교육코스로 그린클래스라고 불리는 야외학습 연구

반을 두었다. 현재 이 시설 센터장은 대학의 생물학자가 맡고 있다.

연구내용에 대해 말하자면 '환경연구'라 부르고 있는데, 종합적인 환경을 연구하는 학제적인 연구소가 아닌, 동식물의 에콜로지를 중심연구 테마로 한다. 때로는 지리학 등의 연구자가 이곳에 발을 들여놓고 공동연구를 하기도 하지만, 센터로서는 어디까지나 생물학이 주체이다. 에코뮈제 대상 중에서 생물·에콜로지 분야를 담당하게 되어 있지만, 실제로는 전시활동 등에 관여하는 일은 그다지 없으며, 오히려 전문적 연구기관으로서 활동하고 있다.

농업기계 박물관

환경연구센터에 인접한 역 시설을 이용하여 농업기계 박물관 Musée du Machinisme Agricole으로 만들었다. 창고와 같은 공간에 몇몇 대형 농업기계가 놓여 있고, 간단한 기계 테크놀로지에 관한 해설이 패널로 되어 있다. 향후 모두 전시품을 본부의 성채건물로 옮겨서 통합하고, 이 건물은 에코뮈제 프로그램에 참가하는 아이들을 위한 숙박시설로 수리할 계획이라고 한다.

농업기계박물관

박물관 내부, 농기구 전시

대장간 박물관

성채 본부에서 12km 떨어진 장소인 룸므덴Romedenne 마을에 있는 대장간 한 채를 박물관으로 정비했다. 이 대장간 박물관Musée de la Forge은 1996년 9월에 개설했다. 에코뮈제에서는 안테나가 될 만한 유산을 조사한 결과 마을 안에 있는 대장간 건물이 오래된 도구와 물건이 그대로 남아 있고, 기재류도 녹슬긴 했지만, 고스란히 남아 있다는 것을 알았다. 주인이 누구인지 바로 알 수 없어서 찾아본 결과 왈롱에 사는 교육검사관의 소유임을 알게 되어 편지를 보내어 기증을 의뢰한 결과 무상대여에 동의해 주었다. 대장간은 그 후 장소와 내용물들을 수리하여 현재 실제로 가동할 수 있게 되었다.

1997년부터는 실제로 대장간 시설을 사용하여 철 상품만들기도 시작했다. 오리지널 상품은 페스티벌 등의 이벤트 때에 판매하기도 했다.

상주하는 스태프는 없기 때문에 보통 때는 문을 잠가놓고 있지만, 그룹방문 희망이 사전에 있을 때만 개방한다. 그때에는 임시 스태프로서 대장간 기술을 가지고 있는 직원을 파견하여 해설하고 실연해 보인다. 이 직원은 대장간 장인으로 고용된 것은 아니지만, 가끔 훈련을 받은 적이 있기 때문에 기술을 익혔다고 한다. 적임자가 있으면 원래는 자원봉사 주민이 할 일이다.

대장간 박물관 내부. 실제로 직원이 재연하여 사용하고 있다.

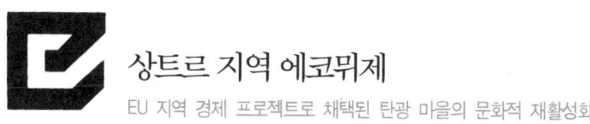

상트르 지역 에코뮤제
EU 지역 경제 프로젝트로 채택된 탄광 마을의 문화적 재활성화

지역 개요와 연혁

상트르(센터)라는 지역명은 고유명사이지만, 몽소와 샤를로와 중간에 있어서 그 중심지(센터)의 의미도 있다.

650km² 지역을 영역으로 하고 있으며, 12개 코뮌으로 이루어져 있다. 이 지역 내부는 크게 세 지역으로 구분된다. 단 옛날에는 12개보다 더 많은 작은 마을로 이루어져 있었다.

현재 영역 내 인구는 25만 명이며, 이 중 20%는 이민자이다. 또한 현재 살고 있는 주민 중 30%가 실업자이다.

벨기에에서도 대표적인 전형적 불황지역이고, 과거 번영했던 시기의 공장노동자가 많기 때문인지 이 부근에는 지식층이 별로 살지 않는다고 알려져 있으며, 역사와 문화에 관심을 가진 사람도 적다고 한다. 외국인이 많은 지역이기도 한데 이전에 탄광에서 일하기 위해 이탈리아, 스페인, 폴란

에코뮤지엄의 사례들을 찾아서 143

드, 포르투갈, 튀니지, 터키 등에서 외국인 노동자가 많이 이민 온 모습이다. 다양한 외국 문화가 들어와 지역 문화를 형성하고 있어 지리적·사회적으로 매우 흥미 깊은 지역이다. 상트르 중에 가장 중심지는 석탄 마을인 부아뒤뤽 Bois-du-Luc이며, 이곳이 에코뮈제의 거점이다.

　1835년부터 1920년까지 석탄산업의 최전성기에 이 지역 일대는 부아 뒤 뤽 협회 Société de Bois-du-Luc의 것이었다. 모든 건물이 협회 소유물이었으며, 이곳에는 실로 다양한 공공시설이 존재했다. 공장, 학교, 병원, 호스피스, 교회 등이 있으며, 매우 계획적으로 만들어진 마을이었다. 오늘날에는 공장과 거주지역은 왈롱지방 Wallonne Région의 소유로 디렉터의 집·병원·호스피스(요양원)는 라루베르 마을 La Louvére Villes de의 소유로 되어 있다. 호스피스(1860~61년에 건설)는 1977년에 마을에서 사들여서 현재 커뮤니티 자료 서비스 센터 사무소로 사용한다.

　1950~60년은 탄광지대의 급격한 쇠퇴 시기이다. 이 지역에는 사회적 경제적으로 가난한 노동자들이 많아서 폐광이 되자 주택에서 나갈 수밖에 없었다. 동시에 건물을 보존하자는 운동이 일어나기 시작했다. 본 에코뮈제의 현재 디렉터인 자끄 리에벵 Jacques Liébin은 당시 고등학교 역사교사였는데, 건물 보존운동을 조직하기 시작하고, 푸르미 트렐롱 에코뮈제를 참고하여 이 지역에서 에코뮈제를 시작하기로 마음먹었다. 리에벵은 당시 모든 이로부터 광인 취급을 받았다. 그는 에노 주州의 직원이자 학교교사였는데, 지금도 문화부문 직원으로 일하고 있다. 그는 1970년대에 이 지역에서 처음으로 '산업고고학'에 관심 가진 사람으로 알려져 있다. 각지의 에코뮤지엄에서 이와 같이 열정적인 담당자 key person가 발족을 위해 온갖 힘을 다 썼다.

부아 뒤 뤽 지구
① (탄갱의 채굴탑 건물)
   A Le puits d'exhaure et les bains douches des femmes
   B La lampisterie et les bains douches des hommes
   C Le puits d'extraction
② La sous-station electrique et la salle du ventilateur
③ La maison du gerant
④ Les grands bureaux(본부 관리동)
⑤ La cour des ateliers(공장)
⑥ Les Carres
⑦ Le parc du Quinconce et le kiosqueu
⑧ L'ecole primaire des filles
⑨ L'eglise
⑩ L'hospice
⑪ L'hospital
⑫ Maison visitee par Leopold ler le 8/9/1856
⑬ La salle des tetes
⑭ Premiere ecloe mixte ouverte en 1849
⑮ Ancien magasin a farines

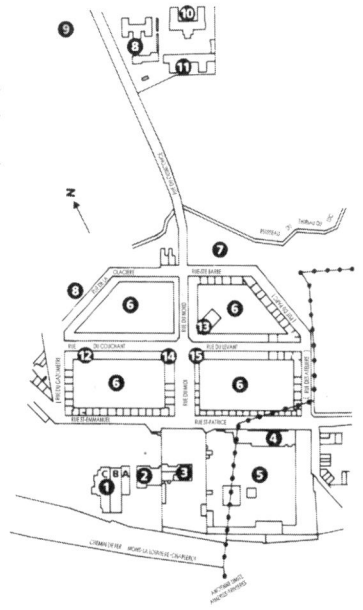

이렇게 하여 1983년 5월 18일 에코뮈제가 어소시에이션으로 발족했다. 최초 예산은 에노 주州 문화국과 프랑스어 정부공동체 Minstère de la Communauté française(프랑코폰 공동체)의 보조에 의한 것이었다.

1973년 폐광 후에는 조금씩 제철업이 살아나기도 했지만, 별로 번성하지는 못했다. 폐광 후 25년 정도 지난 현재까지 정치적으로 복잡한 지역이라는 점도 작용하여 이렇다 할 산업은 일어나지 않았다. 조금씩이기는 하지만, 지금까지 돌, 도자기, 유리 수공업도 생겨났다. 앞으로는 화학산업이 발달할 것 같은 조짐이 보인다고 한다. 그러나 아직껏 이 지역의 실업률이 높은 것이 현실이다. 그래서 지금이야말로 새로운 산업을 일으킬 힘을 주민에게 불어넣어 주기 위해서, 또 관광산업화를 도모하기 위해서 에코뮈제의 유효성에 거는 기대가 크다.

운영에 대해서

에코뮈제의 운영방침은 시장을 필두로 학술경험자, 행정관 등 30명으로 구성된 이사회에 의해서 결정된다. 다른 에코뮤지엄과 마찬가지로 어소시에이션의 운영은 모두 이사회에서 민주적으로 결정한다.

에코뮈제의 활동을 유지하는 정식 직원은 3.5명(디렉터1/사진가1/사무원1/컨서베이터0.5)뿐이다. 이 외에 이곳에는 자원봉사자 등 8명이 상시 근무하고 있다. 이 중에는 평생학습을 전공하고 있는 학생과 때때로 도와주는 지역 자원봉사자가 3명 정도 있다. 디렉터는 에노 주 문화국에서 급료를 받고 있고, 컨서베이터는 프랑스어 정부공동체에 소속되어 있다.

이 에코뮈제의 컨서베이터인 E. 와르뜨Eric Warte는 그 지역 고등학교에서 지리를 가르친다. 주 10시간은 고등학교 교사로 일하고, 나머지 시간에는 겸임으로 에코뮈제에 고용되어 있다. 고용계약상 무기한 계약으로 에코뮈제가 급료를 지불하는 한 계속할 수 있다. 그 외에는 지역 주민인 실업자가 해설과 시설 정비 등을 위해서 일하고 있다.

이곳에는 연간 15만 명이 방문한다. 80%는 아이들이며 교육활동의 일환으로 이용하는 경우가 많다. 교육단체가 독자적으로 아이들 대상 프로그램을 만들고 있으며, 소풍지로 이곳을 방문하는 일이 많다. 에코뮈제는 설날과 크리스마스 이외에는 연중 열려 있으며, 5~10월은 평일에 오전, 토요일·휴일에는 오후만 열고 있다.

예산은 연간 200만 벨기에 프랑. 기본적으로는 프랑스어 정부공동체와 에노 주에서 보조하는 수입에 의존한다. 최근에는 EU 보조금이 들어와 조금 풍부해졌지만, 그 예산을 얻기 위해서는 정부요인과의 교섭이 필요하다고 한다.

현재 발족하고 나서 15년 정도 지났는데, 아직도 에코뮈제가 생긴 지

얼마 되지 않은 상태와 시설·전시설비 그대로이다. 마을에는 폐쇄한 공장이 늘어나고 있으므로 하나하나 컬렉션으로 자료를 양도받고 있지만, 거기에 걸맞은 박물관으로서의 정비는 좀처럼 실현되지 못하고 있다. 예를 들면, 옥외에 놓여 있는 인쇄기계는 지금 수리하기 위한 예산이 없어서 방치에 가까운 상태에 있다.

상트르 에코뮈제는 프랑스의 푸르미 트렐롱 에코뮈제를 모델로 하고 있다. 즉 산업의 내용은 다르지만, 주민의 힘에 의해 쇠퇴한 지역을 활성화해 가자는 점에서 푸르미 트렐롱이 모범이 된다는 생각이다.

실제 활동으로는 우선 교육활동으로서 학교 선생님에 대한 세미나를 연 1회 시행하는데, 지역 학교들인 자유학교, 도서관, 공립과 가톨릭 학교와 접촉하고 있다.

에코뮈제 소장품의 90%는 지역 주민에게 기증받은 것이다. 자료 목록은 박물관 활동의 기초가 되기 때문에 필요성은 강하게 느끼고 있지만 전문직원이 없는 지금 상황에서는 무리라고 한다.

조사연구활동은 다른 기관과의 제휴를 통해서, 독자적인 예산을 가지고 있지 않아도 조금씩 성과를 거둘 수 있다.

기관지는 민족학, 산업, 철도 등 여러 테마를 가지고 발간한다. 주민 자원봉사자가 스스로 그 연구 성과를 정리해서 인쇄물로 만드는 일이 많다. 학술연구논문도 발행하며, 대상지역의 역사적 가치가 높아서 외부 대학 연구자에 의한 연구활동은 꽤 활발하게 이루어지고 있다.

기억의 수집작업으로 1984년 이후 민족의 증언을 계속 기록해 왔다. 최고 번성기였던 1905년경 부아 뒤 뤽 공장에서는 600~650명 정도가 일을 했다. 그때의 현역 노동자들은 현재 70~80세가 되었다. 이 지역 전체로 보면, 당시 탄광노동자는 3,300명 정도가 살고 있으므로, 이 사람들의 증언을 주로 채집하고 있다.

이벤트로는 '에코뮈제 축제'로서 큰 전시회를 해마다 2회 개최한다. 또한 콘서트 등도 개최한다. 동호회로는 100명 정도 조직이 있으며, 연회비 500프랑의 회비로 지역 내외 사람들이 참가한다.

장래 전망으로 봐서 '오브젝티브1'이라는 EU 지역경제부문 프로젝트에 거는 기대가 크며, 이것은 실제로 1999년에 시작되었다. 산악지방인 에노 주에 보조금을 주고, 쇠퇴한 산업지역의 발전을 보조하기 위한 프로젝트이다. 구체적으로는 채굴시설 복원과 탄광의 채굴갱도를 수리하고, 해설하기 위한 대대적인 디스플레이 장치를 마련하여 관광객을 유치하는 시설만들기가 계획되어 있다. 이에 따라서 단순히 폐허와 같은 유적이었던 건물에서 역사를 학습하는 것뿐 아니라, 가동하던 당시와 같이 실제로 정비하여 널리 외부에 이 지역의 역사를 알리고자 하는 움직임이 되었다. 거액의 예산에 주민과 지역의 실업자들은 큰 희망을 품고 있으며, 새로운 관광산업으로서의 전개를 기대하고 있는 것 같다.

시설과 안테나

부아 뒤 뤽 중심지구
전술

공장
공장 입구에 거대한 대문이 상하로 개폐하는 이른바 기요틴식 문이 있어서 공장의 상징이 되었다. 이 문은 1982년에 공장에서 용도변경되어 1985년부터 라 루비에르 마을이 소유하면서 에코뮈제의 중심시설 입구가 되었다.
공장 창고를 이용한 전시장은 크게 두 가지 부문으로 나뉜다.

입구문 (통칭 기요틴문)　　　　　　　　　　기계전시

전시A: 우리와 함께 있는 박물관으로서의 에코뮈제.
전시B: 상트르라는 지역, 석탄의 화학.

　관리 사무소 등은 당시 그대로 보존하여 건물과 내부공간 자체가 전시물이 되었다. 특별전시실은 이전에 상점이었던 장소에 있으며, 철공소였던 건물은 현재 카페테리아로 사용하고 있는 등 전체가 박물관 시설로 활용되었다.
　관리동은 1907년 건설된 건물로 예전부터 공장장의 방 입구 옆에 배치되어 있다. 이 건물은 1979년에 왈롱 지방이 매수했다. 내부에는 당시 회사의 정관 등이 사인된 서류와 함께 보관·전시되어 있다.
　부지 구내에는 1945년에 깔린 선로가 탄광까지 뻗어 있기 때문에 당시 사용한 열차를 이용하여 탄광 자체를 하나의 사이트로 자리매김한다는 계획이다. 이 탄광은 1835년에 개장한 것이다.

노동자 주택지구

부아 뒤 뤽 협회가 만든 도시주택은 현재 왈롱 지방의 소유물이다. 이 주택지구는 1838~53년에 걸쳐서 매우 계획적으로 건설되어 광부들을 위해서 공급된 저가임대주택이다. 회사사업주가 직접 소유하고, 관리, 운영하고 있다.

지구 내에는 한 채 한 채로 된 건물이 몇 채 있는데 1880년에 2층 건물이 생겼다. 이 건물은 위쪽 방은 부모를 위한 침실, 1층은 아이들이 생활하는 공간으로 만들어진 주택이다. 1층 테이블 위에 요람을 놓기도 했다. 1층에는 키친스토브가 설치되어 있어서 겨울에 따뜻했다. 2층에는 타지 않도록 바닥에 돌로 된 타일을 붙여서 청소하려면 물을 뿌리고 수세미로 문질렀다고 한다. 그때 더러운 물은 배관을 통해 밖으로 흘러나갈 수 있도록 배수구가 마련되는 등 세밀하게 설계되어 있다. 또한 1916년 주택 뒤에 안마당이 딸린 주택도 생겼다. 1920~25년 당시 생활상을 재현한 주택도 있고, 그 내부는 전시실로 되어 있다.

이 주택지 환경에서 당시로서는 매우 풍부한 생활을 누릴 수 있었다. 온수설비 등의 설비면에 더해 의료체계와 같은 사회시스템이 정비되었던 마을이다. 게다가 19세기 후반부터는 행사가 치러지는 홀 기능을 하는 중심 건물이 있어서 문화적 활동도 많이 이루어졌다고 한다. 이 홀은 지금도 커뮤니티 회의실로 사용된다. 이 지역 내에는 병원과 노인시설 등도

노동자 주택지구, 현재는 공영주택이다.

남아 있어 그 기능을 하고 있다. 1850년에는 이 지역 주민을 위한 학교가 생겼다. 벨기에에서 의무교육이 제도화된 때보다 10년 앞서 교육시스템이 완성된 선진적인 마을이었다.

이 주택지는 주州가 매수한 후, 현재는 공영주택으로 3분의 2 정도에 600호가 입주해 있다. 역으로 말하면 3분의 1은 빈집인 채로 남아 있다.

탄광 입구

탄광 채굴갱은 수갱 puits으로 되어 있고, 거대한 엘리베이터 타워가 있다. 또 수갱에서는 하루에 1만㎥의 물을 퍼내고, 작업을 위한 펌프 등의 기계 장비가 있다.

지금까지는 유물로 볼 수 있었을 뿐이지만, 1999년부터 '오브젝티브1' 예산에 의해 시설을 정비해 일반 공개하게 되었다. 시설 정비의 재현과 함께 해설 수신기 등 레이저시스템으로 AV 등을 구사하는 멋진 디스플레이가 될 예정이다. 프레젠스 프랑스라는 전시회사가 1921년 상태로 복원하여 전시한다는 계획이며, 프랑스의 프와티에 뮈제와 같은 미래형 디스플레이 공간이 만들어질 예정이라고 한다.

이 수갱 엘리베이터는 사람이 타고 있을 때의 속도가 시속 35km였다. 사람이 타지 않고 석탄만 실을 때는 시속 70km로 하강했다. 이와 같은 기술을 보존건물로 재현하는 것을 최종 목적으로 하여 EU예산에 의해 복원할 계획이다.

탄광 입구 건물

에코뮤지엄의 사례들을 찾아서 151

수갱의 엘리베이터탑

수갱에 들어간 경우 통신연락수단은 초창기에는 종을 울려서 신호를 보냈지만, 기술의 진보와 함께 1920년에는 전화선이 개발되었다. 이 기술들의 역사도 실태에 맞춰 전시하는 것이 가능하다.

1921년 새로운 노동법이 만들어져 8시간 노동 등의 조건이 엄격히 규정됨에 따라 노동자 생활도 변화했다. 기술적으로도 발전을 거둔 시기였다. 단일 건물에 얽매이지 않은 이 지역 전체가 노동자 생활과 기술의 역사에 관한 모습의 유산이다.

세 안테나와 발견의 오솔길

안테나에 해당하는 세 가지 건물은 에코뮈제가 관리하는 유산이다. 상근 직원이 배치되어 있지 않고 평소에는 개관하지 않는다. 방문하려면 사전에 예약이 필요하다.

① 그랑드 루비에르 교회 (라 루비에르) La Chapelle de la Grande Louviére(La Louviére)
이곳은 이 지역의 산업시대의 유산으로서 중요하게 자리매김되어 있으며, 1533년에 건설된 교회건축물이다.

② 구역(舊驛, 엔느 생 삐에르) L'ancienne Gare(Haine-Saint-Pierre)
산업이 번성하던 시대에 있던 옛 철도역사이지만, 지금은 기능하지 않는다. 이 철도선로로 열차는 달리고 있지만, 이 역은 폐역으로 열차가 정차하지 않는 통과역이 되었다. 이 장소에 옛날 그대로 역사건물만 현재 보존되어

있고, 특별히 전시 등은 없다. 인터프리테이션 센터로 불리고, 견학 요청이 있으면 해설원을 파견하여 해설을 한다.

③ 델삼 농가(스트레삐 브라끄뉘) La Ferme Delsamme(Strépy-Bracquegnies)
석탄산업 이외에도 인구가 많던 19세기에는 농가도 발달했다. 농가건물이 보존되어 있으나 지금은 아무도 살지 않는다. 이곳도 인터프리테이션 센터로 자리매김되어 있다. 예약이 있으면 해설원을 파견하여 건물과 농업 해설을 한다.

이 외에 발견의 오솔길 Sur Les Chemins de la Découverte: Le Patrimoine Industriel Régional로서 지역에서 산업유산을 발견하기 위한 루트가 설정되어 있다.

Écomusée du Fier Monde
피에 몽드 에코뮈제

 ## 피에 몽드 에코뮈제
도시노동자 마을 주민들이 함께 배우고 지역만들기를 추진하기 위한 거점

지역 개요

피에 몽드 에코뮈제는 캐나다 퀘벡 주 몬트리올의 시가지, 상트르 수드 Centre-Sud 지구에 있다.

19세기 말 몬트리올은 북아메리카 10대 도시에 손꼽히는 도시였다. 당시 몬트리올은 급속한 경제 성장과 무역 발전을 이룩했으며, 철도산업의 부흥과 항만을 중심으로 한 물류 발전에 의해 크게 번영했다. 또한 몬트리올은 1850년부터 1950년 사이 캐나다 수도이기도 했다. 상트르 쉬드 지구는 이 기간 동안 수도의 공업·산업을 지탱하는 진정한 심장부였다.

이 지역은 하나의 종교적 구역으로 통합한 이외에는 특히 어떤 지역적인 통합은 없었다. 하지만 이때 자본주의가 확대되어 이렇다 할 자원도 없는 이 지역에서 노동자 계급의

사람들이 고밀도로 주거하는 하나의 정리된 마을이 성립했다고 한다.

그러나 다른 도시와 마찬가지로 경제적인 발전은 길게 지속되지 않고, 1960~80년대 경제적 불황기에 많은 노동자는 일자리를 잃고 마을은 황폐해졌다. 그러나 1970년대부터 주민의 자발적인 움직임, 연대와 커뮤니티 의식이 이 지역의 자연발생적인 변혁의 원동력이 되었다. 사회교육활동으로 에코뮈제도 그 운동으로 생겨난 성과이다.

주거환경과 주택, 공공 공간의 모양에서도 이 지역의 특징을 볼 수 있다. 구릉지 아래에 사는 노동자 계급은 대개 블록으로 만든 저층 집단연립주택에 살고 있었다. 가끔 가족이 늘어나는 경우는 바로 근처 주택에 살았고, 하나의 중앙 정원을 공용하는 생활스타일을 만들어냈다. 근접주거 형태가 지역의 연대를 강화하고, 개인주의와 가족 상호의 친밀한 지원체제를 구축해 냈다고 한다.

아직껏 이 지역의 커뮤니티 활동은 활발하며, 지역 내에는 현재 비영리조직 NPO: Nonprofit Organization으로 주민그룹이 60~70개나 있다. 활동 내용은 주택, 서비스, 식료, 정치 등에 관한 자원봉사자 조직 등 실로 다양하다.

이 외에 특징적인 것으로는 커뮤니티 가든이 있다. 커뮤니티 가든이란 시가 제공하는 부지를 커뮤니티 주민의 자주적 관리로 이용할 수 있는 정원으로서 공동 관리에 의해 구획된 채소밭이다. 이곳에서는 농작물을 짓는 등 활발하게 활용된다. 커뮤니티 가든은 북미의 타 지역에서도 볼 수 있는 구조이지만, 커뮤니티 연대가 강한 이 지역 아니고는 불가능한 성공 사례라고 생각한다.

또한 최근 지역의 재활성화는 이전의 산업사회, 공업이라는 힘과는 전혀 다른 방향성에서 필요하다고 할 수 있다. 대공장은 세우지 않고, 소규모 수공업적인 생산, 정보산업 등이 계속 발전하고 있다. 다양한 사람들이 주거하는 것을 용인, 촉진하는 것이 활성화의 요인이라고 한다.

예를 들면 산카테리누 거리 서쪽 지구는 최근 게이 커뮤니티가 주동이 되어 활성화에 성공한 사례라고 한다. 결코 이 사람들의 주거를 특수한 집단으로 배제하지 않고, 오히려 적극적으로 평가하는 자세는 에코뮈제의 전기에서도 볼 수 있다. 고전적 박물관은 자칫하면 민족과 전통적 문화라는 지역 루트에 무게를 두기 쉬운 데 반해 에코뮈제는 바로 현재 일어나고 있는 지역의 변화를 대상으로 적극적이고 긍정적으로 학습한다는 태도를 지닌다고 할 수 있다.

그러나 한편으로는 현재도 역사적 건축물이 보존되지 않고 붕괴되는 것도 사실이다. 예컨대 1993년부터 4개의 공장건축물이 붕괴되었다. 이와 같은 근대 산업유산은 일본도 마찬가지로 언젠가는 소유자가 처분해 버리는 실정이다. 에코뮈제는 이에 대한 걱정과 두려움으로 유산에 대한 의식 형성을 위해 에코뮈제는 반복해서 지역의 유산을 다시 바라보고, 평가하기 위한 교육활동을 시행한다. 1997년 '공업의 경관'에 관한 전시 외에도 많은 사람들의 보전의식을 일깨우는 전시가 열심히 이루어지고 있다.

현재 지역 상황을 소개한 전시내용에서 이 지역의 1991년 통계를 보면 다음과 같다.

인구는 34,735명, 세대의 88.7%가 셋집이다. 9세에 학교를 다니지 않는 아이들이 26.8%나 된다. 실업자율은 인구의 19%이다. 노동자 중 14.8%가 연수입 1만 캐나다 달러 이하이다. 결코 풍부하지 않은 실정이다.

연혁과 목적·특징

NPO조직으로서의 에코뮈제는 1980년에 탄생했다.

구체적인 활동으로 1981년 최초 전시가 '상트르 쉬드 사회회의'에서 개최되었다. 이때 전시 타이틀은 '상트르 쉬드에서의 사회생활'이었는데, 이어서 1983년 '노동자 주거', 1984년 '식생활'의 전시 그리고 1985년에는 두 권의 책이 간행되어 현재까지 평균 연 1회 정도 기획전이 열렸다.

1986년부터 UQAM(퀘벡대학 몬트리올교)의 수집 서비스 부문과 공동사업을 하여 이 지역의 역사 조사연구가 시작되었다. 성과는 1990년의 전시에 반영되어, 이때 발간된 출판물은 1991년에 퀘벡 박물관 협회로부터 출판상을 받았다. 그 후에도 연구활동은 계속되어, 이즈음부터 연구 활동거점으로 또 수집품의 보관장소로 항구적인 시설을 필요로 하게 되었다고 한다.

이 에코뮈제는 사회교육기관으로 발족하고, 당초에는 노동자 계급 지역에서 민중교육 popular education 활동으로 시작했다. 특히 처음 시작할 무렵인 1980년대에는 노동자를 위한 식자교육이 중시되었다.

실은 이 에코뮈제의 고유명인 피에 몽드란 '자랑하고 싶은 세계'라는 의미이다. 이 지역에 대해서 새롭게 주민이 고안하여 붙인 이름이다. 통상 에코뮤지엄에서는 지역의 전통적 명칭을 쓰는 경우가 많지만, 여기에서는 그 명칭을 현대의 주민 스스로 창작함으로써 주민참가 이념을 철저히 실천한 것이다.

활동 내용

중심이 되는 활동은 전시회, 간행, 시청각 자료, 학교 애니메이션[17] 활동, 유산 순례 등이다. 연구·교육의 대상, 테마는 지역의 산업과 노동자의 역사가 중심이다. 실제 조사연구로 역사와 공업건물의 조사연구 등이 계속 이루어졌다. 역사 연구는 전술한 바와 같이 UQAM의 역사학자의 연구협력을 받고 있다.

---

[17] animation, 교육보급활동의 의미로 사용하는 경우가 많다.

전시내용도 대학의 역사학자의 협력을 받아서 만든 것이다.

특별전은 구두, 캔디, 빵, 기차와 같은 테마로 열렸다. '공장과 주방 사이'라는 기획전에서는 여성 40명에게 인터뷰조사를 실시하여 전시와 간행 활동을 성과로 들고 있다. 기획전은 이 중심시설에서만 하지 않고, 지역 내의 각지에서 순회 전시를 한다.

에코뮈제에서 발행하고 있는 지역 주민용 신문

에코뮈제가 연구조사를 하는 것뿐 아니라 자주적인 주민 그룹에 의한 연구와 학습활동도 중요해졌다. 1990년에는 자신의 역사를 연구하는 그룹에 도움이 될 만한 정보제공 팸플릿을 작성하여 주민 그룹 등의 관계조직에 배부했다.

공적 행정기관과의 협력도 중요하다. 도시서비스 부서 안의 문화담당 서비스 cultural affair service와 제휴하여 일을 한다. 타 부서, 특히 교육서비스는 주州와 제휴한 교육활동 프로그램을 기획하고 있다.

도시개발 계획에 대한 중재활동도 적극적이다. 도시개발 계획에 대해서 그 개발부터 역사적 유산과 문화재, 건축물 등을 지키기 위한 조사와 연구를 바탕으로 제안하는 등의 활동을 한다.

또한 에코뮈제의 노하우를 살린 경영 자문도 중시한다. 주민과 기업에 대해서, 이 지역의 가치를 높이기 위해서 자신들이 무엇을 할 수 있을지 자문하는 것을 지역에 대한 개발활동으로서 중요하다고 생각한다.

지역에 친근한 존재로 에코뮈제가 행하는 정보제공은 박물관으로서 전문적 카탈로그만 작성하는 것이 아니다. 일반적으로 널리 알릴 목적의 미디어로서 에코뮈제 자신이 격주로 커뮤니티 신문을 만들고, 1만 5,000부를 전체 세대에 배부한다. 신문의 내용은 지역 안에서 일어났던 사건, 이벤트와 정보교환,

지역성이 높은 상점 광고 등이 게재되고, 주민에게 정보제공·교류와 의식계발을 위해서 활용된다.

　지역의 학교그룹의 이용이 많다. 이용자의 50%는 학생이며, 수업의 일환으로 이용한다. 과목으로는 지리, 경제의 교육분야이다. 교육제도가 일본과는 다르기 때문에 상세한 것을 기술할 수는 없지만, 이 지역의 경우 지리교육 분야가 비교적 전체적, 종합적인 교육을 하고 있다고 한다.

　여행자는 거의 방문하지 않는다. 오히려 에코뮈제의 주체는 주민이지, 관광객은 그다지 염두에 두고 있지 않다. 단 마을 여행 가이드·관광지도에는 실려 있다. 문화관광 부문으로 문화청으로부터 예산을 받고 있으며, 8만 캐나다 달러가 연간 예산으로 책정되어 있다. 그중 반인 4만 캐나다 달러가 기계 등의 유지비 및 그 외 프로젝트 예산으로 사용된다.

거점시설

본부사무소는 1981년에 전시활동을 시작한 이래로 다섯 번 이사하였다. 상설 전시장은 현재 건물로 옮기기 전까지는 가져본 적이 없다. 전시회는 다양한 오픈된 장소에서 개최되어 왔다. 이 박물관에 입주할 수 있게 된 1995년 이전에는 낡은 초등학교의 빈 교실을 3개 빌려서 사무소로 사용하였다. 지금 그 공간은 지역 그룹 활동에 사용한다. 한편, 사무소는 초등학교 이전에는 사용하지 않는 공장에 있었다.

　이와 같이 기본적으로 에코뮈제는 지역의 상황에 이질적으로 존재하는 신축물이 아닌, 어디까지나 이미 전부터 그곳에 있는 지역 건물을 활용하여 거점으로 삼고 있다.

운영조직

이 에코뮈제는 NPO조직으로서 운영은 종합위원회에 의해서 결정된다. 현재 10명의 직원(9.5명이 상근)이 활동하고 있다. 그 외에 전시를 위한 기술직원 등이 문화청 등에서 파견된다.

컬렉션

컬렉션은 두 종류가 있다.
　① 낡은 사진과 서류
　② 지역의 유적, 건물

　이 중 지역 내 유산에 대해서는 프랑스의 에코뮈제 등과는 다른 양상을 보인다. 즉 안테나로서의 방문지점인 사이트를 가지고 있지 않다. 귀중한 유산은 지역 내에 점재하고 있지만, 하나하나 소규모인 데다가 지역이 넓지 않은 점 등에 의해서 안테나 박물관으로 정비하지는 않았다. 여기에서는 지역 내 유산의 소유자 사이에 개입함으로써 각각의 소유자 의식을 드높이거나 보조금 등의 정보를 제안하여 보전해 나간다는 방침이다. 에코뮈제는 기본적으로 건물들의 부동산을 소유하지 않는다. 중요한 것은 소유자와 근린 주민의 의식이며, 커뮤니티 자신의 힘에 의해서 지역 내의 유산을 보전하고 관리해 간다. 프랑스형 에코뮈제의 대부분이 시설적인 형태인 데 반해서, 캐나다의 퀘벡 주州 에코뮈제는 대체로 커뮤니티형 형태라고 할 수 있다.[18]

---

[18] Hubert, 1985 분류에 의함

본부건물의 전신 | 제넬 공중목욕탕

1996년부터 에코뮈제 본부가 된 건물은 제넬 공중목욕탕Le Bain Généreux이다. 이곳은 원래 노동자 계급을 위한 공중목욕탕이었다. 공중목욕탕이라고 하지만 일본에 있는 것과 같이 큰 욕조가 있는 것은 아니고, 기본적으로 샤워실에서 몸을 씻고, 중앙부분은 문자 그대로 수영하기 위한 풀장으로 이용되었다.

19세기부터 자택에 급수시설이 없는 노동자 계급 생활에서 위생시설의 설치는 중요한 과제였다. 장티푸스와 디프테리아 같은 전염병이 만연했고, 캘커타와 이집트의 알렉산드리아를 제외하고는 전 세계에서 유아사망률이 가장 높은 마을(1876년)이라는 불명예스러운 역사기록도 갖고 있다.

몬트리올에는 1915년 전까지 12개소의 공중목욕탕이 마련되었다. 100만 명 이상의 몬트리올 사람들이 이용하도록 배려한 공중목욕탕은 20세기 초두의 산물로서 역사적으로 의미가 있는 공공건축물로 존재했다.

마을의 화이트컬러층은 노동자 계급 사람들을 '씻지 않는 자'Great Unwashed라고 부르며 멸시했다고 한다. 노동자와 욕실에 관련된 1860~1960년의 공중목욕탕 역사도 또한 전시대상이 되었다.

건물은 1924년에 건축가 마르샹Joseph-Omer Marchand에게 몬트리올 마을이 의뢰하여, 계획안이 완성된 것이 1926년이다. 아르데코art deco스

제넬 공중 목욕탕. 현재 '피에 몽드의 집'으로 부르고 있고, 에코뮈제의 본부시설이다(사진제공: 피에 몽드 에코뮈제).

제넬 공중목욕탕 개축 직후의 내부공간 모습(사진제공: 피에 몽드 에코뮈제)

타일로 만들어졌으며, 1927년에 준공하였다. 제넬 공중목욕탕의 건축물 공간구성은 다음과 같은 점이 특징이다.

- 우아하고 강력함을 느끼게 하는 콘크리트조 아치로 된 중앙부 대공간. 내부는 중앙이 높이 15m의 공간으로 되어 있다. 그리고 그 중앙에 수영풀장이 있다. 풀장 바깥둘레 1층 부분에는 탈의실이 배치된 작은 방이 있고, 그 위층에는 관객용 메자닌 mezzanine(이탈리아 회랑에서 보이는 발코니식 2층 부분)이 있다.
- 앞쪽에는 현관과 응접실, 위층에 관리실이 있으며, 뒤쪽에는 샤워실, 화장실이 배치되어 있다. 관리인실에 있는 3층 둥근 창문은 풀장의 대공간을 향해 열려 있어 풀장 상황을 직접 감시할 수 있다.

공중목욕탕에서 에코뮈제로 변신

공중목욕탕은 1992년에 시가 폐쇄할 계획을 세우고, 방치되었다. 그런데 건축물로서 근대의 생활시설의 역사를 기록하는 기념물로 가치가 인정되어 1995년

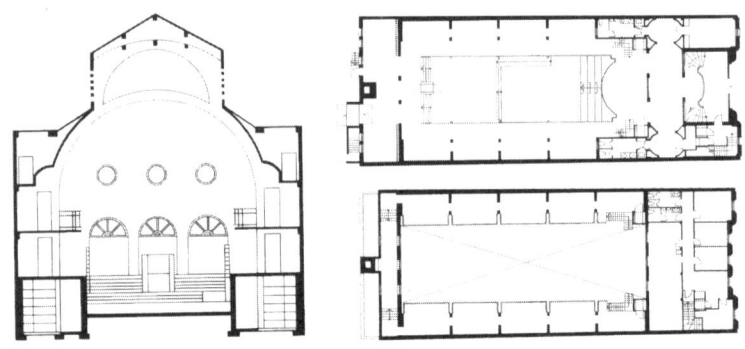

에코뮈제 본부, 피에 몽드의 집 단면도 및 평면도(주로 전시실)

5월 '제넬 공중목욕탕 재생 그랜드 프로젝트'가 채용되었다. 문화정보청의 예산에 의해서 96만 8천 캐나다 달러가 투자되었다. 이때 부동산과 토지에 관한 평가액은 72만 5천 캐나다 달러였으며, 여기에 부가하여 개축을 위한 비용이 합계 25만 캐나다 달러라는 예산이 책정되었다.

이 프로젝트에 의해서 개축된 건물은 마을이 소유자가 되고, 에코뮈제는 39년간 계약으로 빌려 쓰게 되었다. 장기임차권 bail emphythétique 을 사용권으로 마을에서 양도받았다.

건축공사는 1995년 11월에 개축·전시 공사가 개시되어 1996년 9월 30일에 공식 오픈했다.

바까로 Felice Vaccaro 가 개축설계를 했는데 개축시 설계 요점은 다음과 같다. 이 개축에 대해서 리노베이션상을 받았다.

- 중앙에 뚫린 공간은 전면적으로 보존하는 방침을 일관하고, 풀장 바닥에 내려가기 위한 계단과 층계참을 만들어 전시실로 했다. 이곳은 주로 특별전을 하는 장소로 했다. 바로 앞 계단 아래 공간을 이용하여 시청각 영상 코너로 만들었다.

- 양측 작은 방 부분은 칸막이를 떼어내고, 전시공간을 중앙과 연속된 공간으로 넓혔다.
- U자형으로 이어지는 2층 메자닌 부분을 상설전시로 하고, 시계열적인 전시를 했다.
- 2층 관리인실은 사무실로 했다. 또한 지하 풀장 바깥둘레에 닿는 부분은 저장고나 작업실로 활용했다.

전시 내용

전체로는 크게 세 가지 전시부분으로 나뉘어 있다. 1997년 당시 전시내용을 사례로 소개하면 다음과 같다.

① 마을의 과거부터 현재의 생활 À Coeur de Jour…2층 상설전시전
② 공업의 역사 Paysages Indestriels en Mutation…1층 주위 전시실 부분
③ 기획전(풀장 부분)…'공업으로 영위되었던 장場과 건축'

기본적으로 2층 상설전시에서는 들어가서 좌측부터 시작되어 우측으로 이동하는 동선이 설정되어, U자형으로 이동하는 시계열적인 전시를 하고 있다. 즉 좌측 전시에서 지역의 성립 특징의 설명으로 시작해서 몬트리올의 산업부흥의 역사를 배울 수 있도록 되어 있다. 노동자의 일상생활과 경제, 여가 등 최고 번성기의 역사에 관한 전시가 중심이 되었다. 그중에서 커뮤니티 형성의 기초가 되어 온 환경조건, 예를 들면 공동주거와 커뮤니티 가든 등의 공동으로 생활을 영위할 때의 고안 등도 전시되었다. 당시 형성된 커뮤니티의 기반 위에 현재도 커뮤니티 연대의식이 중요하다는 점을 느낄 수 있도록 한 전시내용이다.

시계열적인 전시의 가장 마지막 부분, 즉 가장 현대에 가까운 시대를 다룬 코너에는 '지금 현재 이 지역에서 일어나고 있는 사건'What's going in the area now을 전시하는 벽면이 있다. 이 전시코너에서는 주민에 의한 최근의 다양한 공지사항과 지역의 사건들이 2주마다 새로 게시된다. 이것은 확실히 커뮤니티 센터의 자유롭고 자발적인 알림판 코너임에 틀림없다. 주민이 각각의 다양한 그룹의 이벤트 전단지와 그룹 모임, 연락메모 등을 게시판에 붙이는 것이다.

신문기사 스크랩도 붙이는데, 이는 에코뮈제의 스태프가 선택해서 붙인다. 그러나 거의 모든 이벤트 공지 등의 포스터는 주민그룹이 스스로 제각기 가지고 모여서 붙인다.

또한 전시 중에는 자신들이 할 일을 자신들 스스로 만들어 내기 위한 민중교육이 필요하다. 직업훈련이나 자립적으로 일할 수 있도록 교육하는 역할을 담당하고 있는 점, 즉 진정한 에코뮈제의 역할이 자연스럽게 제기되었다. 현대에 대해서 언급하고 있는 가장 마지막 전시부분에는 '현대야말로 미래 그 자체'라는 타이틀 코너가 있으며, 규모와 예산이 축소된 자치체 정부에는 이제 기대지 않고, 자신의 근린지역은 자신들의 자연발생적인 힘과 스스로의 자원에 의존해야 한다는 감동적인 취지의 전시와 결의 표명으로 매듭짓고 있다.

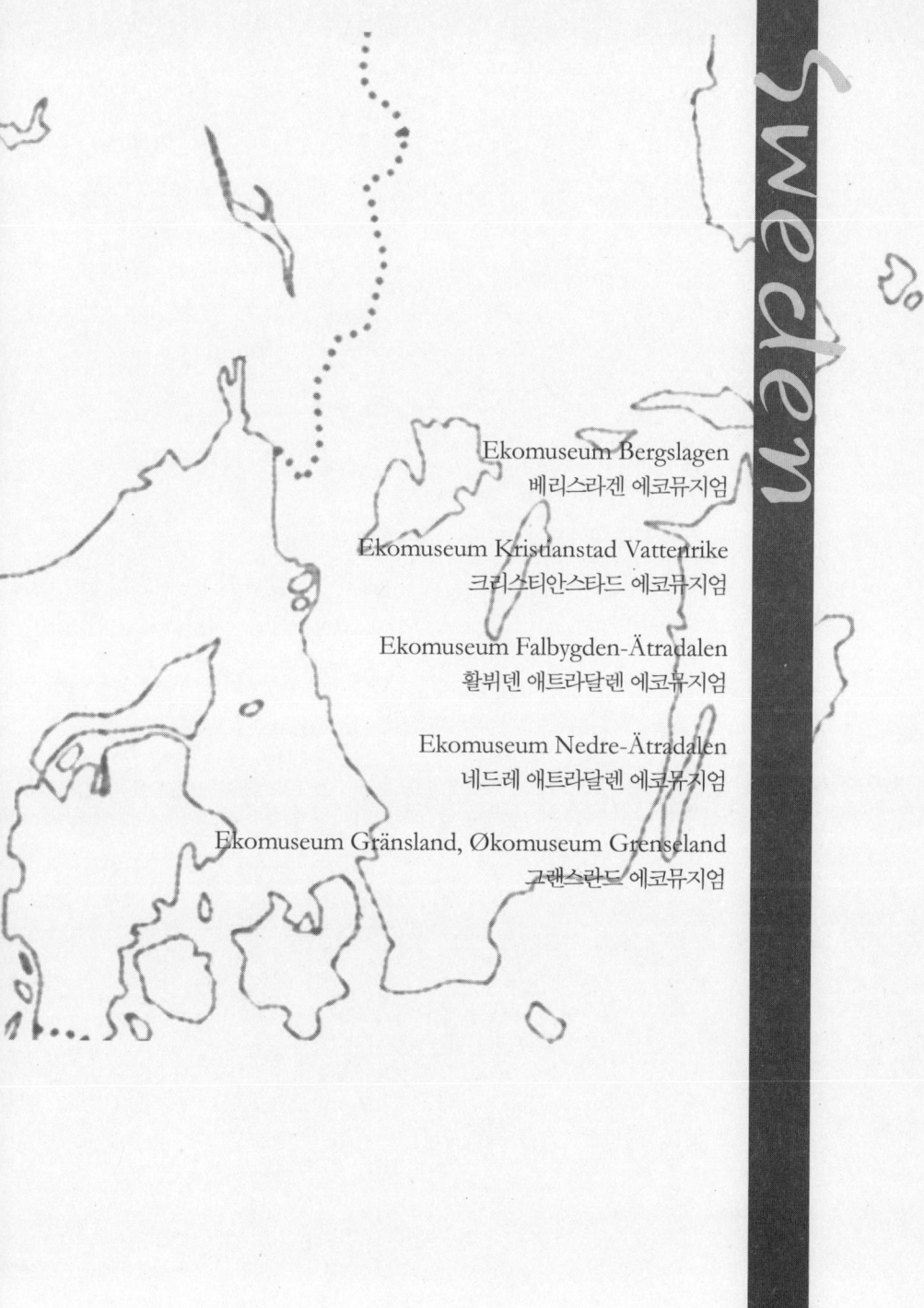

Sweden

Ekomuseum Bergslagen
베리스라겐 에코뮤지엄

Ekomuseum Kristianstad Vattenrike
크리스티안스타드 에코뮤지엄

Ekomuseum Falbygden-Ätradalen
활뷔덴 애트라달렌 에코뮤지엄

Ekomuseum Nedre-Ätradalen
네드레 애트라달렌 에코뮤지엄

Ekomuseum Gränsland, Økomuseum Grenseland
그랜스란드 에코뮤지엄

베리스라겐 에코뮤지엄

세계유산을 포함한 세계 최대규모의 영역을 가진, 철의 역사 에코뮤지엄

지역과 연혁

아마도 세계 최대의 면적을 가진 철의 역사 에코뮤지엄이며, 그 넓이는 길이 약 150km, 폭 약 50km로 매우 광대하다. 이 면적은 도쿄 도 東京都 면적을 모두 포함시킬 정도로 넓다.

특기할 만한 것은 면적뿐만이 아니다. 유럽 뮤지엄 대상에서 1898년 특별장려상 special commendation 수상, 1998년 같은 상의 미케레티상 The Micheletti Award (산업유산에 관한 가장 뛰어난 박물관에 대해서 수여하는 특별상) 수상이라는 2회 수상경력을 갖고 있다.

또한 1993년 앵엘스베리 용광로 Engelsbergsbruk가 유네스코 세계유산으로 등록되는 등 박물관 활동, 문화재 보전의 가치로 봐도 매우 높은 질적 수준을 가지고 있다. 에코뮤지엄으로는 유럽 뮤지엄 대상을 1990년에 푸르미 트렐롱 에코뮈제가 수상했는데 대상은 푸르미

트렐롱뿐이며, 그에 앞서 특별장려상을 받았다는 것은 특기할 만한 점이다.

스웨덴에서는 제철업이 1850년경부터 암운이 드리우기 시작하고, 1970년대부터 이 영역에서 인구의 유출이 진행되어, 과소過疎에 대응하고 문화유산을 보호하는 수단으로 에코뮤지엄의 구상이 부상되어 왔다. 그러나 1980년경 아직 스웨덴에는 프랑스에 대한 정보도 그다지 많지 않았고, 일반 인식도 없는 상태였다. 1983년에 스톡홀름에서 열린 국제세미나에서 크리조 몽소레민 에코뮈제가 소개되었고, 1984년에 유네스코에서 발행하는 ICOM 기관지 '뮤지엄'에 에코뮤지엄의 특집이 나와서, 그다음 해 스웨덴어로 번역된 것을 계기로 에코뮤지엄 개념이 보급되었다.

최초로 구상한 것은 영역 내에 있는 큰 호수를 중심으로 야외박물관과 같은 것을 만드는 일이었다. 하지만 단독 조직이 아닌, 두 개 코뮌이 협력하게 되고(1980년), 또한 운하라는 선상의 연결을 생각했을 때에 좀 더 넓은 지역에서 협력하여 에코뮤지엄을 만들자는 계획이 마련되었다.

초창기에는 관광을 염두에 둔 영역활성화를 위해 정비한다는 의미도 있었는데 호수를 둘러싼 지역의 박물관 네트워크 구상 같은 것이었다. 나아가 문화재로서 의미를 추구하는 과정에서 결과적으로 7개 코뮌이 참가하게 되어 현재 광대한 권역을 가진 에코뮤지엄이 구상되고, 최초의 구상으로부터 5년 후에 개설되게 되었다. 1981년 서西베리

미케레티상

스라겐 만의 구상으로 시작하여 7개 코뮌이 협력
하여 실제 활동을 시작한 것이 1986년의 일이었다.
초창기에는 코뮌의 보조금으로 운영되었으나,
1990년에 운영위원회 조직이 설립되어 현재까지
운영을 맡고 있다.

운영조직

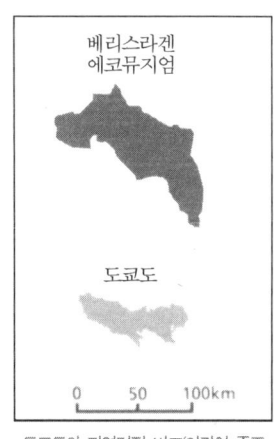

도쿄도와 지역면적 비교(아라이 주조
〈新井重三〉1995에 의거)

재단의 운영위원회는 정례이사회로 매년 4회 열린
다. 7개 코뮌 kommun(행정구역)과 두 개 란스팅
lansting(도의회), 에쿠로드 ekoråd(에코뮤지엄의 운영방침을 심의하는 자문기관)에서
두 명 그리고 에코뮤지엄의 디렉터가 비서관으로 참가한다. 그 외 자치체로부터
선출된 멤버로 의장이 4년마다 1회 선거로 결정된다.

베리스라겐 에코뮤지엄은 전면적으로 지역을 육성하는 자원봉사자 활동으
로 유지된다. 전체 1,500명 정도의 자원봉사자가 있다. 전체 지역인구 10만
명에서 이 정도의 참가가 이루어지는 에코뮤지엄은 세계 그 어디고 찾아볼
수 없다.

어느 자원봉사자 그룹도 전체의 운영에 어떠한 형태로든 참가할 수 있는
시스템을 가지고 있다. 자원봉사자를 포함한 에코뮤지엄 전체의 모임은 매년
2회 열린다. 1회는 버스여행으로 한다. 이와 같은 모임을 통해서 전원이 한
장소에 모이는 일은 매우 중요하다. 넓은 영역이므로 각각 서로를 잘 아는
것이 중요하며, 커뮤니케이션이야말로 중요한 것이다. 그 때문에 관계자 전원의
전화번호를 알 수 있는 전화부를 만들어, 전화로 언제나 정보교환을 할 수
있도록 하고 있다.

각 사이트는 유지관리를 위한 자원봉사자 그룹을 가지고 있으며, 그 대표

중에서 각 코뮌마다 대표자를 1명씩 뽑고 있다. 그룹의 대표자가 아프거나 공석이 될 경우에 대리할 수 있는 부대표자도 각각 정해진다. 그 외에 코뮌의 담당자$^{key\ person}$가 정해진다. 어떤 곳에서는 큐레이터(학예원)이기도 하고, 지역 관광과 직원이기도 하며, 코뮌에 따라 가지각색이다.[19]

각 사이트에서 가이드는 상근으로 고용된 직원이 아니라, 연수를 받은 지역 주민이다. 가이드의 요청이 있는 경우에는 코뮌의 투어리스트 뷰로$^{tourist\ bureau}$가 계약을 맺고 있는 주민의 가이드에게 의뢰하여 코뮌의 부담으로 작은 액수지만 보수를 지불하고 있다. 이용자는 사전에 코뮌의 관광과에 신청하면 무료로 가이드가 해설을 해 준다.

사이트

베리스라겐에서는 지역 내의 사이트를 밀뢰^{miljö}(환경이라는 의미)라고 부른다. 밀뢰에는 시설이나 건축물이 여럿 있는 경우도 있으며, 트레일과 같이 건축물이 아닌 것도 있다. 현재는 49개소의 밀뢰가 있다.

베리스라겐에서는 프랑스의 고전적인 유형과 같이 중심시설을 갖춘 구조로 되어 있지는 않다. 사무소는 존재하며, 팸플릿, 가이드북 등을 비치해 두고는 있지만, 일반적으로 공개하는 박물관은 아니다. 지역에 점재하는 사이트가 각각 독립적으로 운영하며, 에코뮤지엄 전체는 각각의 자율적인 활동을 유지하여 정보연락과 박물관과 같은 정보 제공을 하는 데에 지나지 않는다. 본부와 사이트와의 관계는 대등하며 매우 민주적이다.

---

[19] 1997년 직원의 상황으로는 이하의 6명이 상시 근무하고 있다.
- 디렉터 1명, 교육담당 1명, 재무담당 1명, 이상 3명이 정직원
- 정보담당(가이드북의 편집 등) 1명, 학예원 1명, 문화재보호담당자 1명, 이상 3명은 EU에서 보조금 지급

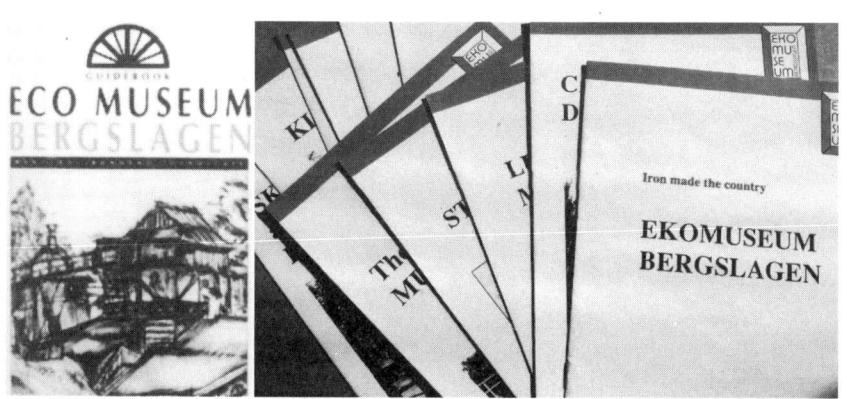

영어판 가이드북 내용도 충실하다. 각 사이트에는 각각의 시설을 해설하는 팸플릿이 있다.

한 번에 지역 전체를 널리 조망하는 정보기관으로서의 중심시설을 두는 대신에 상세한 내용을 실은 가이드북을 작성하고, 각각의 사이트의 안내판에 비치해 두어 무료로 자유롭게 갖고 갈 수 있다. 가이드북을 보면 어떤 하나의 장소만 방문해도 지역 전체에 대해서 배울 수 있다. 각 사이트를 방문하는 것은 현지의 환경을 직접 체험하는 의미가 있지만, 지역 전체를 눈으로 확인하는 것은 하늘에서 조감하는 방법 이외에는 없다. 지도나 추상화된 지식으로 어느 정도는 이해할 수 있을 것이다. 특히 이 정도로 넓은 지역을 알기 위해서는 하루에 전 지역의 사이트는 도저히 다 돌 수 없으므로 지역 전체를 이해하기 위한 이 가이드북은 친절하고 편리하다.

각각의 사이트 건물 소유자는 개인, 민간기업, 지역단체, 코뮌 등 가지각색이다. 영역 안에는 에코뮤지엄의 사이트로 자리매김되지 않은 민간의 여타 박물관이 있지만, 모두 에코뮤지엄의 일원이 되어야 한다고는 생각하지 않는다. 물론 이벤트 정보 등에 대해서 네트워크를 조직하여 정보교환과 연락은 취하고 있다. 에코뮤지엄의 취지에 찬성하고 서로 교류함으로써 지역 전체를 보다 좋게 하고자 하는 의사가 없으면 가맹의 의미는 없다.

영역 내의 2개소 카운티뮤지엄은 에코뮤지엄을 동격의 박물관으로 간주하지 않는 듯하다. 그러나 베리스라겐 에코뮤지엄은 연간 입장자가 54만 2천 명으로 일반 박물관을 석권하는 꽤 큰 규모의 박물관인 점은 사실이다. 실적으로 봐도 유럽 뮤지엄 대상을 두 번이나 획득한 박물관으로서의 실력도 확실히 갖추고 있다.

1997년 초, 에코뮤지엄이 10년이 되어 처음으로 지금까지 생긴 사이트를 재점검했다. 재점검하는 데에는 상당히 긴 기간의 토론을 거듭해야 했다. 현재는 49개 사이트가 있다. 다음과 같은 방침에 의한 약간의 교체, 증감이 있었다.

줄어든 것: 민간 호텔이나 식당의 경우, 대금을 지불하지 않으면 안에 들어갈 수 없는 곳을 사이트에서 제외시켰다. 컬렉션으로서는 좋지만 무언가를 사지 않으면 볼 수 없다는 것은 일반 공개라고 할 수 없다. 단 소책자 안에 레스토랑과 호텔 등의 정보가 충분히 소개되어 있다. 각각의 사이트 지도에 표시되어 있는 것도 많다. 또한 실제로 자원봉사자 조직이 소멸되어 운영되지 않는 것(파가스타의 스칸센 뮤지엄 등)은 제외시켰다. 또한 같은 지역에 뭉쳐 있는 것은 하나의 사이트로 간주했다.

늘어난 것: 새롭게 사이트에 참가시킨 것이 몇 개 있다. 그 조건으로는 자원봉사자 그룹이 있어야 하며, 전체의 테마에 들어맞는 역사를 가지고 있어야 하는 점, 안내판이 이미 마련되어 있어야 하는 점 등이다. 각 사이트에는 통상 5~10명의 자원봉사자가 있다. 100명 있는 곳도 있다. 에코뮤지엄 전체로는 합해서 1,500명 정도의 자원봉사자가 있다.

이제 몇몇 사이트를 소개한다.

앵엘스베리 제철소

앵엘스베리Angelsberg 마을은 베리스라겐 '철의 지역'의 역사 속에서 가장 중심적인 존재이다. 1856년에는 이곳에서 스톡홀름 운하까지 철도가 달리고, 나아가

세계유산으로 등록되어 있는 앵엘스베리 제철소 앵엘스베리 마농하우스

1875년에는 스톡홀름에서 철도가 이어져 그 종점이 이 앵엘스베리이다. 이 앵엘스베리 제철소Engelsbergsbruk 일대는 베리스라겐 에코뮤지엄에서 가장 유명한 사이트로서 1993년에 유네스코 세계유산에 등록된 용광로가 있다. 제철소 전체 부지에는 마농하우스(영주의 저택), 계량간, 창고 외에 수차를 동력으로 한 풀무나 분쇄기를 가진 철공소 등이 현재까지도 실제로 움직일 수 있도록 유지관리되고 있다. 매년 8월 10일에는 대공개일로 정하여 옛 의상을 입고, 성역 사람들이 모여 정원에서 연회를 갖는다. 이때에는 모든 수차 기계를 가동시킨다. 이곳에는 연간 2~3만 명이 방문한다.

하얀 마농하우스는 1700년대의 것으로 1746년에 이 장소로 이축했다. 소유자 가족이 바뀌어도 넓은 건물을 계속 유지하며 살고 있다. 현재는 이 부지 전체를 노르샤난Nordstjärnan이라는 민간회사('북쪽의 별'이라는 의미, 옛날에는 욘손Johson이라는 무역회사였다)가 소유, 관리한다. 이 회사가 고용한 관리인이 잔디를 깎거나 전통적 건물 주변의 유지관리를 담당한다. 건물 자체의 복원은 공적인 보조금으로 이루어지고 있다.

또한 부지 내에는 곳간 내부를 개장한 지역과 철의 문화역사에 관한 전문 아르키브 센터arkiv(고문서관)가 있다. 전문시설로 만들어 연구기관과 대학 연구자가 이용하도록 제공하고 있다. 곳간 자체는 14세기 건물이지만, 1974년에 아르키브 센터로 개장했다. 임시 2명이 주 1회 와서 개관한다.

람내스 제철소와 집락 Ramnäs Bruksmiljö

최초 1590년에 철공소가 이곳에 생겨서 쿵스함마렌 Kungshanmmaren(왕의 햄머)이라 칭했다. 17세기에는 그 외에 4개의 철공소가 생겼고, 그 후 18세기에는 운하의 개통으로 무쇠의 운반이 용이해짐과 동시에 철공업으로 매우 번성해진 집락이다.

최전성기였던 18세기에는 두 가족이 각각 제철업을 경영하며 각각 마농하우스를 차렸다. 서쪽 강기슭에 1762년에 세워진 마그누스 휀스트룀 Magnus Schenstrom의 마농하우스는 3층으로 지어졌고, 1988~90년에 개축되어 현재는 호텔과 회의장으로 사용되고 있다. 19세기가 되자, 다른 한쪽의 테쉬메덴 Per Reinhold Tersmeden이 람내스 전체를 영유하게 되었다(1834년). 이 마농하우스는 황제스타일이라고 칭하는 건물로 19세기 초기에 동쪽 강기슭에 세워졌다.

연철공장은 1868년에 세워져서 1964년까지 약 100년간 실제로 사용되었다. 연철공장 건물의 기와는 특수한 형태로 되어 있어서 이 지역 특유의 건물로 알려졌다. 지금은 기와를 만들지 않기 때문에 수선이 어렵다고 한다. 기와는 스팀메부 stimmerbo 마을의 농가 건물에도 사용되었다. 건물은 코뮌이 소유하지만, 내부는 가동이 멈춘 당시 상태 그대로 보존되었고, 전시 등은

람내스 제철소. 건물이 보존되어 있지만, 내부는 정비되지 않은 상태 그대로이다.

이루어지지 않았다. 모두 정비할 예정이라고 한다.

트랑훠쉬 수차 Trangforsomradet

운하를 따라 만들어진 트랑훠쉬Trangfors 집락에는 수차건물과 수차를 원동력으로 하는 철공소(1799년 건설, 1915년 조업정지), 대규모 목탄창고(1800년), 수력발전소(1898~99년) 등이 있다.

 수차건물 내부 벽에는 지역 예술가의 그림이 그려져 있고, 지역 집회실로 이용되었다. 방문 시에는 마침 에쿠로드 모임을 열고 있었다. 지금까지 없었던 엄밀한 규약을 새롭게 만들지, 또 어떤 것으로 할지에 대한 문제를 서로 의논하고 있었다. 이와 같은 모임의 대부분은 지역의 자주적 활동으로 일과 후 저녁에 이루어진다.

 베리스라겐에서는 제철의 연료로 석탄이 아닌 목탄을 사용한다. 목탄을 제작하기 위한 숯 굽기 체험을 하는 건물을 주민 그룹이 스스로 시험 제작하여 아이들에게 보여주려고 한다.

 나아가 자신들이 무너뜨린 수차를 재생시키려고 제작하는 중이다. 수차 제작에는 실업자 연맹 노동자가 공작 지도를 해 주고, 일정 기간 같이 만들어

트랑훠쉬 수차 건물

썩어버린 수차

주었다. 이와 같은 문화재 보전과 복원기술 등에 실업자 대책으로서 전문기술자를 파견하는 제도가 있어 에코뮤지엄과 같은 문화사업에 각지에서 공헌하고 있다.

훌루그베리엣츠 광산 Flogbergets gruvor

훌루그베리엣츠 광산은 16세기부터 채굴을 시작했고, 길이가 350m, 폭이 45m, 갱도가 15개소 있다. 잘라진 벽면을 보면, 지층과 같이 테크닉의 시대변천을 잘 알 수 있다. 즉 다이너마이트의 발견 이후 깎인 암벽은 매끄럽지 않다는 것을 알 수 있다. 광산은 잘 보존되어 몇몇 루트는 관람용으로 위험하지 않도록 손잡이와 보도가 정비되어 있다. 광산입구의 큰 공간을 활용하여 여름에는 야외극도 열고 있다. 도중에 지면에 뚫린 구멍으로 광도 속을 들여다보면 45m 아래까지 보이는 장소도 있다.

훌루그베리엣츠 광산

이 광산은 1906년까지 채광이 이루어졌다.

두 개 마을, 투르부 마을과 스팀메부 마을

투르부Torrbo와 스팀메부Stimmerbo는 모두 중세(16세기)에 생겨난 철광업 노동자 마을Bergsmansby로 나라의 중요문화재 Riksinterest(national interest의 의미)로 지정되어 있다. 중요문화재로 지정되자 새로운 것을 세울 때에는 반드시 색상과 형태의 규제를 받는다. 전형적인 로프트하우스가 지금도 곳간으로 사용되고 있으며 잘 보존되어 있다. 이곳은 옛날에 마을 사람이 농업으로 생계를 꾸리면서 협동해서 제철을 하던 마을이다. 이에 반해 다음에 기술하는 말링스부 마을에서는 한 사람의 영주가 기업체를 소유해 제철업을 경영했다.

두 개의 마을 중 스팀메부 마을만이 1997년 재점검을 통해 새로운 사이트로 추가되었다. 보존상태가 투르부 마을보다 좋다는 점, 주민이 동의했다는 점, 이미 안내판이 설치되어 있다는 점 등이 사이트 대열에 낄 수 있었던 이유이다. 투르부 마을에서는 에코뮤지엄 사이트가 되면 바로 근처에 버스가 정차하고, 관광객이 방문하게 되어 일상생활에 악영향이 있을 것을 우려하여 주민들이 반대했다.

말링스부 마을 Malingsbo Bruksmiljo

15세기 중엽에는 말링스부다Malingsboda라고 불리던 마을이다. 농업이 주요 생활 기반이었지만, 17세기가 되어 사람들이 모이고, 1625년에 용광로와 철공소

캐롤리안 스타일 마농하우스   말링스부 저장고 건축물(1849년)

말링스부에서 새롭게 인터넷 카페를 열었다는 내용을 실은 에코뮤지엄 뉴스레터

가 건설되면서 본격적으로 제철업이 일어나서 1891년까지 철공소 운영은 계속되었다. 마농하우스는 캐롤리안 스타일 Carolian Style 이라 불리는 전형적 좌우대칭 2층 지붕 건축물이다. 외관의 보존 상태는 매우 좋다. 그 외에도 작은 창문이 많이 달리고 아름다운 회반죽을 바른 저장고 건축물(1849년)이나 어슷쌓기식 校倉式 곡창(1670년대), 교회(1708년) 등의 건물이 주위에 보존되어 있다. 1970년대부터의 주변 자연환경이 최근 들어 레크리에이션 장소로 이용되었다.

5월의 달 밝은 밤, 지역 주민의 학습그룹이 견학회를 열었을 때 그곳에 참가해 보았다. 이 지역 건물을 대충 둘러보는 것이다. 가이드는 코뮌에 고용되어 있는 지역 주민이다. 지역 역사 등을 배우는 학습그룹에는 일반적으로 고령자가 많이 참가하지만, 이번에는 관심을 갖고 있는 젊은 커플도 참가했다. 이 마을에서 자신이 카페나 어린이 대상 숙박체험교실과 같은 일을 해 보고 싶다고 했다. 실제로 그 이듬해 이곳에서 인터넷 카페 IT-kafé를 개점했다. 적극적으로 지역에 정주하여 창업까지 생각하는 젊은이가 있다는 것은 실업률이 높다는 점이 가져다 준 풍부함이 아닐까 하는 생각까지 든다.

뉘아 라뛰딴

베리스라겐의 에코뮤지엄은 철의 역사를 표방하는 종합박물관이며, 그 요소로서 현존하는 옛 건물만 내세우지 않는다. 이미 무너져 버리거나 유구 遺構로만 존재하는 건물을 재건하는 것도 부정하지 않아 교육의 기회로 자리매김하고 있다. 스웨덴에서는 일반적으로 역사적 건축물의 '사물 그 자체'의 진실성 authentisity을 중시하고, 소재가 바뀌는 것을 우려해 복원 등도 최소한으로 억제해 보존할 방침을 세우는 곳이 많다.

뉘아 라뛰딴을 재현한 건물

· 뉘아 라뛰딴Nya Lapphyttan은 새로운 랩식 철공소라는 의미로 12세기에 사라진 옛 제철기술을 발굴자료에 의한 연구성과를 바탕으로 오랜 논의 끝에 재현한 것이다. 생활과 제철기술을 보여주는 전시와 함께 옛 집락환경 전체를 재건하여 체험학습의 장으로 활용하고 있다.

스투라 하겐

19세기 말경, 이 지역에는 국내 각지에서 이주해 온 광부들의 가족용 주택이 필요했다. 당시 숙소는 거의가 단순한 판잣집으로 노동자 20명이 하나의 방에서 사는 과밀상황이었다. 적절한 주택이 필요하다고 생각해 이 지역에서는 계속해서 두 개의 길을 따라서 주택을 세우게 되었다. 샐활렛Källfallet(1896년)과 스투라 하겐Strora Hagen(1898년)이다. 스투라 하겐에는 4가족용 주택이 22동 세워져 있다.

역사적으로 이 아파트는 베리스라겐의 전통적인 광산 건물과 전형적인 대장간 건물 코티지cottage, 즉 기본적으로 하나의 방과 하나의 부엌으로 구성되었다. 건물의 특징은 한 동이 정방형 형태로 네 개의 집이 각각 호별 입구를 가지고 있다. 이 방식은 영국에서 차용한 것인데, 이 방식이 성공을 거두어 노동자의 집합주택 프로토타입(원형)으로 전국에 보급되었다.

스투라 하겐의 마을 모습

스투라 하겐 전체는 1989~90년에 수리되었다. 이때 22번째 집이 당시 생활의 모습을 재현하는 박물관으로 바뀌었다. 1898년의 상태로 재현한 집에서는 최초로 살았던 주민의 가정이 재현되어 있다. 그들 가족은 8~10명이 되기도 하고, 하숙인을 들이기도 했다. 이 시대에는 약 800명이 이 지역에 살고 있었다. 또 하나, 1963년 상황으로 재현된 집에서는 광부들이 65세 이상이 되고 나서 어떠한 생활을 하고 있었는가에 대해서 전시하고 있다. 현재는 퇴직한 부부에게조차 좁은 곳이라는 것을 실감할 수 있다. 이 당시에는 약 200명이 이 지역에 살고 있었다고 한다.

거리 외관은 매우 양호하게 보존되어 있으며, 증축이나 개축이 외부에 드러나지 않고, 집들이 가지런히 늘어서 있는 거리는 정연하고 매우 아름답다.

루드비까 야외박물관
Ludvika Bergsmansmuseum/Gammelgård och Gruvmuseum

루드비까 마을에는 휘슈룬드 Karl-Erik Forsslund라는 작가가 먼저 1920년에 이 지역의 전형적인 철광업 민가를 보존·전시하는 야외박물관을 선로의 북쪽에

루드비까 야외 박물관

광산박물관

설치했다. 이것을 '옛 정원'Grammelgård으로 칭하고, 정원을 둘러싸고 곳간과 창고 등을 겸비한 완성된 민가의 모습을 보존했다. 나아가 그는 철공업과 광산에 관한 전시를 하고자 하는 생각으로 주위에서 광산의 건물과 동력전달장치를 이축하여 왔고, 선로 남쪽에 세계 처음으로 산업에 관한 야외박물관을 1938년에 설치했다. 이것이 광산박물관Gruvmuseum이다.

풍부한 자연을 배경으로 직경 15m나 되는 대규모 수차가 놓인 것이 인상적이다. 한편, 그는 철공업 노동자의 생활개선에 많은 힘을 쏟았고, 특히 노동자를 위한 민중교육기관 홀크회그스쿨라Folkhögskola를 이 지방에 설립한 것으로도 잘 알려져 있다. 에코뮤지엄은 현지 보존이 원칙이며, 이축으로 야외박물관을 만드는 것은 부정한 방법이라고 보는 견해도 있다. 하지만 이 사이트는 오히려 지역문화 형성에 공헌한 역사적 인물 휘슈룬드의 업적을 이 장소에 보전하고 있다고 생각하면 이해하기 쉽다.

EKOMUSEUM KRISTIANSTADS VATTENRIKE

크리스티안스타드 에코뮤지엄

습지대가 풍부한 자연환경을 보호하기 위한 지역 스스로의 힘을 고양시키는 활동

지역 특징과 연혁

남스웨덴의 최대 강인 헬게Helge 강 하구에 약 35km 정도의 유역 전체를 보전하여 '풍부한 물의 왕국'이라고 이름 붙인 에코뮤지엄이다. 스웨덴의 에코뮤지엄으로는 유일하게 1개 코뮌만이 관련되어 있다. 자연환경을 중심으로 보전해 간다는 특징이 있다.

헬게 강은 스코네 지방에서 가장 큰 강인데 상류로 거슬러 올라가면 스몰란드 지방이 나온다. 이 지역의 헬게 강은 여름과 겨울의 수위차가 1.5m나 난다. 이 수위 차이가 꽃과 새의 생육에는 매우 가치가 있다. 식물의 양분을 흙 속에 스며들게 하기 위해서도, 또한 새의 먹이장소로서의 생물다양성이 풍부한 습지대를 형성하는 데에 중요한 물가 환경을 만들어내고 있다. 스웨덴의 자연보호법NRL과 라무살 조약에 지정된

물가에는 귀중한 자연이 있다. 즉 국가적으
로 국제적으로 양쪽 모두에게 가치가 있다.
이에 따라서 나라로부터 보전을 위해서
보조금을 받고 있다.

 헬게 강 주변에는 2,000헥타르의 호수
늪이 있으며, 그곳에서는 1995년의 데이터
로 9,600kg의 강꼬치고기 pike, 1,670kg의
연어, 1,030kg의 농어류 perch가 잡히는 풍
부한 어획량을 기록하고 있다. 적어도 35종의 다양한 물고기를 잡을 수 있는
강 및 호수 늪이다. 동시에 새, 꽃이 풍부한 지역이며, 버드생크추어리 bird
sanctuary(새사냥 금지구역), 낚시금지구역 등의 보호지역도 지정했다.

 1989년부터 프로젝트를 개시했다. 에코뮤지엄 설립 준비 시기, 초창기에는
습지대에 있는 운하 옆에 수문건물 '커넬하우스' canal house를 지어서 그곳을
사무소로 사용했다. 그래서 실제로 현장에서 호수를 보면서 행정담당자에게
에코뮤지엄 프로젝트에 대한 설명을 들을 수 있다.

 1991년 습지대에 관찰과 학습을 위한 탑을 짓고, 1993년 그 주변의 오솔길을
정비했다. 방문지점이라고 부르는 사이트는 우선 20개소로
시작했다. 자연환경이 중심이지만, 그 속에는 양수
펌프장과 실험농장, 수처리플랜트 건축물 등
다양한 기술과 산업·생활유산 등도 포함되어
있다. 예를 들면 1873~1940년 사이에 지역
주민은 강으로부터 음용수를 얻었다. 그래서 펌프장도
부분적으로 보존되어 남아 있다. 라임스톤 지반을 100m
파서 지하수를 퍼내는 기술의 역사도 있다.
1910년에는 이 지역에 전력발전소댐이 세워

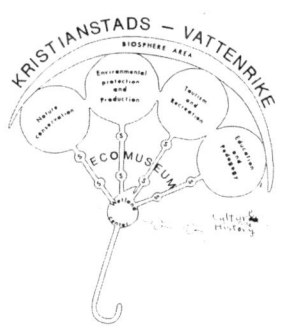

에코뮤지엄은 각종 유산을 지탱하는
우산과 같은 역할을 한다.

졌는데, 그때에는 생물보호를 위한 물고기길을 만들었던 역사가 있다. 물에 관한 역사, 사람과 생물과의 공존관계의 역사도 중요한 관점이다.

운영상황과 방침

크리스티안스타드 에코뮤지엄의 책임자인 S.E.마그뉘쏜 Sven-Eric Magnusson에 의하면, 에코뮤지엄은 자연환경보호를 위한 수법으로 매우 유효한 수단이라고 한다. 마그뉘쏜은 원래 크리스티안스타드 Kristianstad의 도립박물관 county museum에 근무하고 있었다. 박물관에 근무하기 전에는 대학에서 연구에 종사했다. 지역의 수자원 보전을 위해서 대학에서 박물관 그리고 지역 에코뮤지엄으로 활동영역을 옮겨가며 현장에 더 가깝게 찾아왔다고 한다. 그와 같은 활동 속에서 에코뮤지엄이야말로 난개발에 대항하고, 수자원을 재생하고 보존하기 위한 유효한 수단이라는 결론에 달했다고 한다.

직원은 전부 3명. 그 외 2명은 코뮌의 에콜로지스트와 디자이너. 연간 800~900만 스웨덴 크로네의 예산으로 운영한다. 지금은 WWF(세계자연보호기금)에서 1990년부터 100만 스웨덴 크로네를 받는다.

뮤지엄숍은 어디에도 없다. 자료, 팸플릿은 크리스티안스타드와 오휘스 Ahus의 관광 안내소에 비치되어 있다.

에코뮤지엄 사이트는 자연환경인 곳이 많으며, 소유자도 개인이 아닌 공적 기관인 곳이 많다. 그것을 유지하고 관리하기 위한 주민 그룹이 있기는 하지만 충분하지 않다. 이 지역의 환경을 개선하기 위해서는 환경을 끊임없이 바꿔서 활용하고 있는 농업종사자의 의식과 활력에 기대해야 하므로, 에코뮤지엄은 농업 그룹에 대해서 특히 적극적인 작용을 하고 있다. 지역 내에는 60개의 파머즈 farmer's 그룹이 있고, 항상 에코뮤지엄과 접촉을 하고 있다.

사이트

영역 속에는 사이트로서 20개소 정도의 방문지점 besökspunkter(visiting place, visiting point)과 3개소의 야외박물관 Utemuseum(Outdoor Museum)이 존재한다. 자연환경에 추가하여 공장이나 성과 같은 건축물도 문화환경으로 보전되었으며, 농촌경관을 볼 수 있는 농장도 사이트로 자리매김되어 있다. 이제 몇몇 사이트를 소개한다.

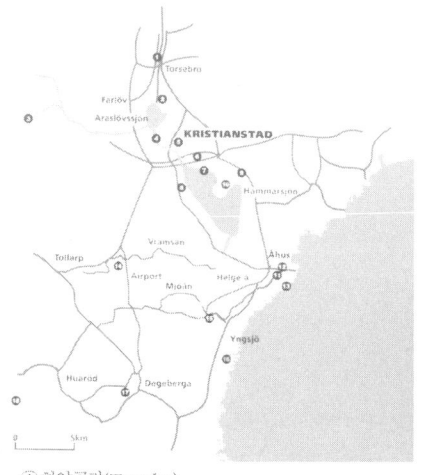

① 화약공장(Torsedro)
② 새 보호구역(Araslövssjön)
③ 강 복원 지역(Kråkebäcken)
④ 옛 성터(Lijjö)
⑤ 커넬하우스(Kanalhuset)
⑥ 최저위 지점(Lake Nosady)
⑦ 에케나벤(Ekenabben): 오크(dak)와 저습지 숲
⑧ 아슘의 호반 목장(Asum)
⑨ 황새번식 보호센터(Skånes Viby)
⑩ 호스뢰스 호반 목장(Häslövs änger)
⑪ 조수간만 관찰 포인트
⑫ 오휘스 성터(Åhus)
⑬ 수욕장 및 버드 위칭 포인트
⑭ 모래사장과 저습지(Lyngsjön)
⑮ 브루켄과 그라후텐
⑯ 뱀장어 해안(Gropahälet)
⑰ 호르사카르 폭포
⑱ 검은 뇌조(雷鳥)의 늪지

커넬하우스 Kanalhuset

습지대에 있는 운하의 수문건물이다. 전시가 이루어져 있으며, 야외박물관 중 하나이다. 전시는 전망탑에 설명 패널이 있거나 그 속에 작은 전시실이 마련되어 있다. 이 탑을 기점으로 습지대에 나무로 만들어진 길이 뻗어있다. 이 장소는 마을 중심지로부터 걸어서 10분 정도 걸리는 편리한 위치에 있어서 에코뮤지엄의 출발점 혹은 도입지점으로 기능하고 있다.

전시 패널의 내용은 에코뮤지엄의 지도와 습지대에서 보이는 다양한 생물과 토양에 대한 해설판, 지역의 수자원에 관한 3단계 설명이 되어 있다. 즉 ① 가치에 대해서 과거부터 현재에 걸쳐서 물가가 갖는 귀중한 환경조건의 가치를

습지대가 내다보이는 커넬하우스 탑. 전시와 관찰을 위한 시설. 습지대 관찰로의 시작점이다.

커넬하우스 전시물. 가치와 가능성에 대해서 전시하고 있다.

설명한다. 실제로 몇몇 사이트/방문지점을 거론하여 그 풍부한 환경을 설명한다. ② 위기에 대해서 과거보다 지금 현재 잃어가고 있는 자연환경에 대해 경고하고 있다. 풍부한 환경 속에 변화해 가는 것, 예를 들면 강의 오염과 부영양화 등에 관한 문제를 설명한다. ③ 가능성에 대해서 개발실험중인 자연수처리·정화장치와 자연환경 보전을 배려한 실험농장·농법에 대해 해설한다. 모두 지역 내에서의 미래 환경에 대한 대처를 위한 사례들이다.

이와 같이 에코뮤지엄은 과거의 유산과 잃어버린 가치만을 대상으로 하는 것이 아니라 현재의 변화와 장래에 대한 대응까지 연구하고 학습하는 것이다. 책임자 마그뉘쏜이 박물관에서 나와 에코뮤지엄으로 활동 거점을 옮긴 이유도 이 점에 있다.

에케나벤의 물가 Ekenabben

다양한 식물의 초목이 우거진 습지대를 자연보호구역으로 정비했다. 스웨덴에서는 보기 드물게 모기가 많은 대나무 숲이 있어 귀중한 생물종의 생식영역으로 보전되어 있다. 대나무 숲 속은 나무길이 정비되어 있다. 수백 년 나이를 먹은 떡갈나무 숲도 있고, 새를 관찰하는 탑도 생겼다.

황새 번식보호센터 Storkcenter

자연보호협회, 들새의 회의 공동운영에 의한 황새의 보호번식을 위한 사육장이다. 1993년에 설치되었다. 새장 속에는 어린 새가 자라고 있다. 황새의 생육은 식물연쇄 생태계로 유지되고 있으며, 먹이가 되는 개구리나 쥐 등 소동물류가 생식하는 데에 적합한 환경 전체가 보호될 필요성이 있다. 황새는 저지대의 물가 지대의 상징적 존재이다. 근처 농가의 지붕에는 황새가 내려앉도록 집짓기 판이 설치되어 있다.

아숨의 호반 농장(목장) Åsumsänger

오래된 목초지의 농장(목장)에 전망대가 있어 지역의 풍경을 확인할 수 있게

황새 보호번식용 새장

고대 목장 보호지와 전시시설.
전망대에 오르면 목장 건너편에 펼쳐져있는 습지대를 바라다 볼 수 있다.

했다. 이곳에는 또 야외박물관이 있으며, 그곳에서 보이는 다양한 동식물에 대한 전시해설이 이루어지고 있다. 전시는 습지대의 변천을 알 수 있게 했다. 광대하게 시야가 열려 있는 목장 주위에서는 집오리나 학wader 등을, 가을에서 겨울 동안은 거위나 독수리 등을 볼 수 있다.

활뷔덴 애트라달렌 에코뮤지엄

6000년 농업의 역사를 배우는 장으로서 농촌 경관을 그대로 보전

지역과 연혁

활뷔덴 지역의 애트라달렌(애트란 강 협곡이라는 의미) 영역에 위치한 에코뮤지엄으로 애트란 강의 상류 지역에 있다. 달렌은 협곡이라는 의미인데, 실제로는 평탄한 지역이 많고 내륙부이기는 하지만 풍부한 전원, 농업지대가 펼쳐진 지역이다.

에코뮤지엄의 테마는 '6천 년 농업지대'로 표현된다. 6천 년 역사를 가지고 있는 지역으로 선사시대의 스톤헨지가 여러 곳 발굴되었다. 더욱이 선사시대부터 현대까지 이어지는 농업의 역사가 특징적이다. 특히 옛날식 농업의 부활과 재평가를 테마로 삼고 있다.

면적이 남북 45km, 동서 20km가 조금 안 되는 광대한 지역이며, 지역 내에는 사이트가 70개소나 있다. 팔셰핑 Falköping과 울리세함 Ulricehamn 두 코뮌을 영역으로 삼고

있다. 북부지역에 있는 팔셰핑 코뮌은 활뷔덴 지방으로 불리는데, 긴 농업 역사를 가지고 있으며, 석기시대부터의 문화를 가지고 있다. 한편, 남부의 울리세함 코뮌은 애트라달렌 지방으로 예전부터 스웨덴 내륙 교통의 요지로 알려져 있다. 연속하는 두 지역을 농업문화를 축으로 하나의 에코뮤지엄으로 설정한 것이다. 두 코뮌은 양쪽 모두 깊은 역사를 갖고 있으며, 각각의 코뮌에 지역 박물관을 보유하고 있어 문화·환경의 보존과 그 연구에 힘쓰고 있다. 북쪽의 팔셰핑에는 농장과 문화유적에 관한 사이트가 많으며, 남쪽 울리세함은 자연환경과 팜샵같이 작은 것이 많다.

6월 29일을 에코뮤지엄의 날로 지정하여 전 사이트를 오픈하고 방문자를 받는다. 1997년 이 날 하루에 전체 2, 3천 명의 방문자가 있었다고 기록되어 있고, 각 사이트의 방문자수를 집계하면 5천 명을 넘고, 각지의 카페 등에서 음식을 먹은 건수는 1,500건 이상이었다고 기록되어 있다.

조직과 운영

이 에코뮤지엄은 원래 관광 프로젝트로 시작된 것이다. 코뮌의 관광국이 먼저 제안하고, 이어 지역 박물관이 설립에 관여했다.

실질적으로는 1993년에 개설되었다. 처음 2, 3년은 카운티 카운설 county council로부터 비용이 나왔고, 설립하고 나서 기초적 조사가 실시되었다. 초창기에는 팔셰핑 코뮌의 직원인 J. 야네르트 Johan Jannert가 설립 활동에 관한 일들을 했다. 4년 정도 지나고 정비도 어느 정도 궤도에 오르고 나서부터는 현재의 책임자인 시브리트 빌헬름손 Sigbrit Wilhelmsson에게 넘겨졌다. 그녀는 원래 학교

교사였고, 1997년 5월 1일부터 이 자리에 취임했다.

운영위원회는 두 코뮌에서 관광국의 책임자가 2명, 각각의 지역 뮤지엄 관장 2명, 야네르트(전임 책임자이며, 코뮌의 환경부문 직원), 자원봉사자 그룹 대표 그리고 책임자 빌헬름손으로 구성된 이사회 board에 의해서 운영되고 있다.

본부사무소는 에케하겐 Ekehagen이라는 야외체험박물관 속에 책상을 두고 있다. 전임직원으로서 빌헬름손은 주 20시간 일하고 있다. 상근직원은 1명이며, 여름 기간에 그녀를 돕는 스태프가 2명 정도 고용된다.

이곳에서는 기본적으로 지역활동 그룹[20]이 몇몇 사이트를 유지관리, 운영하고 있다.

이곳에서도 실업자 대책에 의해서 활동이 유지되고 있다. 예를 들면 사이트 중 하나인 농업박물관 크로노고덴 Kronogården에는 2명이 실업자협회 unemployment agency에서 파견되어 문화재 복원과 같은 일을 맡아 하고 있으며, 에케하겐에는 10명 정도 일하고 있다.

에코뮤지엄은 기본적으로 아무것도 소유하고 있지 않다. 정보와 조사연구, 전시교육 프로그램 만들기와 같은 소프트웨어를 구축할 뿐이다. 이벤트 개최나 생산물로는 팸플릿, 가이드북 등이 있다. 각각의 사이트를 유지하는 자원봉사자 그룹과 마찬가지로 레스토랑이나 숍에 대해서도 설령 에코뮤지엄 사이트의 하나로 자리매김되어 있는 가게라도 경제적인 지원은 없으며, 자치체에서 받는 보조금도 없다. 각각의 사이트가 스스로 자립하고, 독립채산제를 취한다. 에코뮤지엄 본체는 경제적으로는 프로젝트 예산만으로 조달하고 있다.

---

[20] 현지의 호칭은 헴비그드페르닝(hembygdförening)

사이트 소개

활뷔덴 박물관 Falbygdens museum

1만 1천 년 전의 빙하시대 전시부터 시작된다. 인류는 이 지역에서 6천 년 전 호숫가에 살기 시작했다. 스웨덴에서도 이 지역은 석기시대 유적이 많고, 고분이 많은 지역이기도 하다. 전시 내용에 따르면 조사를 통해 고대인들은 개를 키웠다는 사실을 알게 되었고, 발굴된 여성의 위 속을 보고 라즈베리를 먹었던 사실이 판명되었다고 한다. 현대에 통용되는 뿌리 깊은 문화성을 보여주는 고고학적 자료로서 귀중한 발견이다.

오스레토 마을

소작인의 건물이 모여 있는 작은 마을로, 마을 전체를 야외박물관으로 만들어 보존했다. 스웨덴에서는 1700년대부터 이와 같은 마을(토)이 각지에 생겼다고 한다. 가난한 계층의 소작인들이 살던 마을의 전형을 보여주며, 생활에 필요한 일용품과 도구를 만드는 대장간이나 짚신장과 같은 여러 장인들도 살았다. 가장 인구가 많았던 1880년 당시에는 20동의 주거지에 85명이 살았다. 그 후에는 주로 미국으로 이민 가거나 공업화에 의해 이곳을 떠나 버려서 1920년에는 아무도 살지 않게 되었다. 현재 내부에 살고 있는 거주자는 한 사람도 없지만, 근처 주민에 의한 오슬레 뮐랍 티압스 지역협회 Åsle-Mulap-Tiarps Hembygsförening라는 NPO조직이 보존·관리·운영하고 있다. 이곳에는 연간 2만 명의 입장객이 있어서, 적은 액수의 입장료를 받고 운영하고 있다. 전통의상을 입고 생활재연을 하는 이벤트가 있는 날도 마련되어 있다. 1989년에 마을 건물과 보존재 목록을 작성하고, 1992년에 대규모로 청소를 하고, 목수를 불러서 복원작업을 했다. 또한 휴게시설로 카페테리아를 설치하여 정식으로 야외박물관으로 발족했다. 1997년 5월 10일에 개관 5주년을 맞이했다.

루뜨라 고분

고분은 원칙적으로 나라의 소유물이며, 국립문화재 보호국Riksantiquiret이 소유하고 관리한다. 고분에 대해서는 에코뮤지엄의 원칙인 주민 자원봉사자 그룹의 자주관리를 시행하고 있지

석기시대 루뜨라 고분

않다. 귀중한 문화재는 공적으로 관리하고 있는데, 일상적인 풀베기, 청소작업에는 지역 주민의 유지 그룹이 참가하기도 한다. 이 루뜨라 고분Luttra Gånggrift은 매우 유명한 유적지여서 달력이나 그림엽서 같은 곳에 자주 실리기도 한다. 석기시대인 약 5,300년 전의 것으로 알려져 있다.

글라이더 학교 전 교관(현재도 글라이더 비행을 하는 현역)이 설명하고 있다

글라이더 박물관

글라이더 박물관Segelflygmuseum과 학교가 있다. 박물관에는 퇴직자가 교대로 보수, 유지를 위해서 주 1일 근무하고 해설도 한다. 글라이더 비행에 적합한 바람 등의 환경기후조건으로 스웨덴에서도 매우 유명한 언덕이다. 고원 모양의 약간 높은 언덕으로 이곳에는 자연관찰로가 마련되어 있다. 관찰로 도중에 언덕 위에서는 활뷔덴 지역을 내려다 볼 수 있는 전망지점도 있다. 언덕 주변에는 고분이 몇 개 있는데, 스웨덴에서도 가장 오래전부터 정착했던 장소 중 하나이다. 이 칼레비에도 매우 활발히 활동하는 지역그룹이 있으며, 에코뮤지엄에 관련되어 있다.

농가박물관 크로노고덴 kronogården

19세기의 오래된 농가 부지 전체를 지역의 보전 그룹이 관리하고 보전한다. 이 그룹이 1991년에 농업과 양조업을 전시하는 농가박물관으로 개관했다. 단일 농가주택뿐만 아니라, 안뜰을 둘러싼 전형적인 배치의 농가 전체가 잘 보전되어 있어서 매우 귀중한 것이다. 농가에서는 매주 목요일에 안뜰에서 '옛 농업의 저녁'이라는 모임을 열고 있다. 부지 안에는 자연 산책로가 있고, 그 바로 옆에 B&B호텔도 있어서 그린투어리즘의 거점이 될 수 있는 장소로 여겨지고 있다.

에케하겐 체험역사마을
Ekehagens Forntidsby<Ekehagen historic village>

고대 생활체험을 할 수 있게 만든 박물관으로 아이들의 학습시설로 많이

바이킹 시대의 주거지를 재건하는 중　　　석기시대 주거지 체험 프로그램을 실시하고 있다.

에케하겐 부지 내에 있는 연못

이용되고 있다. 연간 입장객 3만 5천 명 중 초등학생이 1만 4천 명. 나머지 2만 명 정도는 개인이용객으로 관광적인 이용도 많다.

건물건축에는 코뮌이 자금을 조달해 주었지만, 현재 이 사이트는 야외박물관 입장료만으로 운영하여 경제적으로 자립하고 있다.

1년 동안 직원은 정식으로 2.5명. 계절에 따라서 약간 차이는 있지만, 4월부터 6월 초까지 교사 25명이 학교이용이 활발한 기간에 일해주고 있다. 5월부터 8월까지는 가이드, 고고학 전문직, 접수창구직원, 매점직원을 배치한다. 그리고 실업자 9명이 건물을 짓는 일을 하고 있다.

부지 면적은 자연의 삼림이나 호수 등을 넣으면 전부 해서 20에이커 정도가 되며, 가이드가 돌아다니면서 모두 안내하는 데 1시간이 걸린다. 1개소에서 화살촉이나 바구니를 제작하거나 조리를 하기도 한다. 한번에 20~30명의 아이들이 이용할 수 있고, 밤에도 고대주거지에서 숙박할 수 있다. 5년간 2천 건 정도의 실적을 올렸다.

스웨덴에서는 각지에서 이와 같은 고대생활체험형 야외박물관을 짓고 있는데, 이곳은 특히 구석기시대(B.C. 9000~4000), 신석기시대(B.C. 4000~1800), 청동기시대(B.C. 1800~500), 철기시대(B.C. 500~A.D. 1000) 각각의 주거가 다 있는 대규모 박물관으로 스웨덴 고대 통사를 체험할 수 있는 유일무이한 존재라고 한다.

 네드레 애트라달렌 에코뮤지엄
미래의 지역을 만들기 위한 주민의 일로서의 문화산업예술의 재확인

지역의 개요와 연혁

역사적으로는 고대의 유적, 고분 등이 여기저기에 있고, 오래전부터 농업이 이루어졌던 지역으로 스웨덴 농업의 발상지로서의 의미도 크다.

애트란 강 Ätran 중류부터 하류에 걸친 부분에 위치하고 있으며, 길이 6마일, 폭 3마일의 규모를 가진 지역이다. 51개소의 사이트(여기에서는 방문대상 besöksmål이라고 부르고 있는 영역은 3개의 코뮌[21]과 1개의 도道[22])로 구성되어 있다.

애트란 강 상류에 있는 활뷔덴 애트라달렌 에코뮤지엄과는 역시 유사한 환경 특징을 가지고 있다. 단 이 에코뮤지엄은 활뷔덴보다 늦게 생겼고, 관광을 위한 것이기보다는 그 지방

---

[21] 3개 코뮌은 Falkenberg, Varberg, Svenljunga
[22] 1개 도는 Halland

주민이 지역을 재점검하고, 지역을 주민 스스로가 관리해 간다는 점에 중점을 두고 설립되었다. 그런 만큼 사이트의 선정은 유연하게 이루어져서 각각의 사이트가 다양한 내용을 포함하고 있다. 지역에 유산으로 남아 있는 역사뿐만 아니라 미래를 향한 시도와 예술성, 현지 예술가의 아틀리에와 같이 지역에서 창조적 활동을 하는 것을 적극적으로 받아들인다.

하나의 캐치프레이즈는 '생활과 활동—어제, 오늘, 내일'[23]이다. 과거의 유산뿐만 아니라 실제 생활을 다시 본다는 관점을 취하고 있다.

이 지역에서는 농지 풍경이야말로 보전할 만한 가치가 있는 것으로 생각한다. 농촌의 경관을 살리고, 새로운 타입의 환경생활 친화적인 농장을 지향한다. 환경생활 친화적인 재료에 의한 아이스크림 생산[24]이나 환경생활친화적인 제조법에 의한 밀가루 생산 등도 마찬가지다. 에코뮤지엄은 장래를 향한 농업과 농장의 본연의 모습을 가리킨다. 숲과 강도 지역환경보호를 위해서 정비를 필요로 한다.

이 에코뮤지엄은 1996년에 코뮌의 예산이 책정되어 개설된 지 얼마 되지 않았다. 1993년부터 플래닝그룹을 만들어서 지역의 사적지 등을 조사하며 준비했다. 여러 지역의 요소에 대해서 문화의 역사, 풍경의 역사, 자연사, 건축 등의 대학 연구자들에 의해 학제적인 분석이 진행되었다. 앞으로는 형태를 확실히 가지고 있는 것과 함께 시와 문학, 음악 같은 예술도 수용하는 것이 중요하다고 한다.

---

[23] "Livoch rörelse-igår, idag och imorgon"
[24] Sjönevads Gästis사가 생산

지역 내에는 11그룹, 2개 코뮌, 80명의 지방조직, 4개의 위원회가 있다. 이들이 유기적으로 유대를 맺으면서 운영에 관여하고 있다.

활동상황과 운영

개설 첫해인 1996년에는 1년간 10만 명이 내방했다고 기록되어 있다.

에코뮤지엄의 구체적 정비작업의 일환으로 사이트의 안내판을 작성하고 배치했지만, 아직까지 50% 정도밖에 설치하지 않았다. 최근 1년 동안 사이트 수가 또 약간 늘어났다.

운영비는 3개 코뮌(할켄베리 Falkenberg에서 80%)과 도의 문화부, 할란드 Halland 도립박물관, 도의 관광국 등 네 곳에서 보조금을 받는다. 운영 결정에는 3개 코뮌, 도의회 그리고 도립박물관과 사이트의 소유자가 참가하고, 운영위원회를 조직하고 있다.

책임자인 호게 칼손 H.G.Karlsson은 에코뮤지엄의 코디네이터이자 1명뿐인 정식직원이다. 그는 예테보리에 가까운 곳에 있는 박물관에서 일하고 있다. 본부사무소는 아직껏 없으며, 이 프로젝트에 대한 직접 연락처는 그의 자택이다. 관광국에서 팸플릿을 받을 수 있을 뿐 현재로서는 방문자를 위한 방문자센터와 같은 시설은 없다.

칼손은 3년 정도 후에는 게코 스토어 박물관을 만들어서 그곳을 사무소로 쓴다는 희망을 가지고 있다. 게코 스토어는 스웨덴에서도 유명한 2급품을 싸게 파는 가게로 일부러 먼 곳에서도 손님이 찾아 와서 손님 수는 연간 300만 명 정도나 된다고 한다. 이 현상을 하나의 문화로 간주하여 쇼핑스토어 박물관으로 만들어 볼 계획이지만, 지금으로서는 다른 운영위원으로부터 찬성을 얻지 못하고 있다.

거의 모든 사이트가 개인 소유의 농장으로 좀처럼 일반 사람이나 학생들에게 오픈하는 일은 없다. 하지만 에코뮤지엄의 사이트가 됨으로써 지역을 위해서 농장을 공개하게 되었다. 이는 에코뮤지엄의 효과 중 하나라고 생각한다.

현재 이 지역에는 4개의 골프장이 있는데 사이트로 지정되지 않은 골프장을 어떻게 할 것인가를 논의 중이다. 이 골프장은 지역 주민이 만들어서 운영하는 것으로서 하나의 지역 산업요소로 자리 잡아 1980~90년대의 상징이 되었다. 반드시 보전형 지역개발이라고는 할 수 없지만, 지역 산업을 이해하는 요소로서 시험적으로 편입시키려는 생각도 있다.

네드레 애트라달렌 에코뮤지엄이 추구하는 주요이념은 지역관리area management이다. 이 에코뮤지엄은 다른 지역에서 오는 관광객을 위한 것이 아니고 어디까지나 지역 주민을 위해서 존재하며, 지역 주민이 자주적으로 지역관리를 하기 위한 기술과 의식형성, 학습을 위해서 존재한다는 것이다.

사이트

롤란드의 정원 Rolands gården, Sandbolet

롤란드Roland Alexandersson를 경영하는 농장이 사이트로 지정되어 있다. 1882년에 지어진 농가를 50km 떨어진 토지에서 이축해 왔다. 이곳에 나무를 심은 지 얼마 되지 않았을 무렵에는 나무는 거의 없고, 전부 목초지였다. 현재는 스파이스 허브가든을 경영하고 있다. 허브에 대한 연구개발을 위해서 헬스케어

롤란드의 정원에 있는 허브농장

그룹과 파머스조직이 이 농원을 활동의 장으로 삼고 있다.

농장에 있는 곳간 안이 어젠다21룸 Agenda 21 room이라는 방으로 사용된다. 이곳에는 지역의 로컬어젠다 local agenda를 논의해 가는 그룹이 지역의 주민으로부터 지역과 특정지역의 환경을 배우기 위해 전시물이나 패널을 만들고, 세미나를 하기 위한 코너가 있다. 지역 주민이 서로 배우는 환경학습을 위한 방이다. 스웨덴의 내추럴리스트 연맹의 지부조직도 이 주민 그룹에 협력하고 있다.

이 마을에는 현재 300명 정도가 살며 농가가 이 마을의 환경과 미래의 농업을 생각하기 위한 거점이 되었다. 그 의미로 사적인 개인 소유의 집이지만, 공적인 의미를 가지는 지역 주민의 공용재산으로서 에코뮤지엄의 사이트의 하나로 자리매김되었다.

부지 내에는 어젠다21룸이 있는 곳간과는 별도로 낙엽송으로 만들어진 건물 Brygghuset이 있고, 그 안에는 삼림환경과 목재, 임업, 수목에 대한 정보가 전시되어 환경학습의 장으로 정비되었다.

옛날식 농법의 농가 Yttra Berg

'공중 목장'이라고 명명된 옛날식 농장을 보전하고 있다. 장소를 보전하는 것뿐만 아니라 실제로 농작물을 만들지 않으면 의미가 없기 때문에 이곳에서는 보리, 호밀, 오트밀을 만든다. 농가 건물도 보존되어 있으며, 4명의 농가 형제나 인가의 여성이 관리하고, 보통 때에는 자물쇠를 열어서 공개한다.

'공중 목장'의 고대풍경

보존건물로 지정되어 있는 농가건축물

3년 전에는 숲이었던 곳을 모든 수목을 베어내어 옛 농장 모습으로 재생시켰다. 그래서 옛날 그대로의 소목장으로 재현을 시도했다고 한다. 현재 이 목장에서는 오래된 종의 유전자를 가진 소를 방목하고 있으며, 고대의 목장 자체뿐만 아니라, 고대에 행했던 방목 현상을 보전, 재생시킨 것이다.

현재 초원을 유지하고, 풍경을 보전하고 수리하기 위해서는 강력한 제초기계와 시간이 필요하지만, 주변의 지역 주민의 협력으로 일제히 풀베기가 이루어졌다.

도로 옆의 스톤헨지

간선도로 옆에 스톤헨지 Hagbards galge가 있는데, 이 도로는 옛날 스웨덴 서쪽에 있는 할한드 해안에서 스웨덴의 중앙부로 가기 위한 중요 간선도로였다. 이전에는 순례자들이 이 길을 다니기도 했다. 문명이 생겨난 시대에 세워진 도로 자체도 역사적 가치가 있다. 한편으로, 도로가 생기기 훨씬 이전 시대에 생긴 고대유적인 스톤헨지는 그 도로 방향과는 관계없이 해가 지는 방향을 가리키고 있다. 자연환경의 축선과 문명의 동선이 서로 겹쳐져서 시각화되어 이 지역의 깊고 중층적인 역사를 느낄 수 있다.

교회

이 에코뮤지엄 지역 속에는 1100년경에 세워진 낡은 교회인 아빌드 교회Abilds kyrka나 1400년대 회화와 1700년 말의 천장화가 내부에 보존되어 있는 스바트로Svartrå 교회 등이 사이트로 자리매김 되어 있다. 그 내부의 예술작품은 매우 훌륭하고, 교회는 결코 신자만의 것이 아닌 널리 지역 주민의 공통 재산으로 존재한다. 또한 중세의 종교유산도 마을의 일상생활의 역사를 알기 위해서는 중요한 재료가 된다.

도로 옆에 있는 스톤헨지

칼브흐훼고덴의 커뮤니티 센터

칼브흐훼고덴Kalvsjögården이라는 작은 마을에 있는 사이트로서 문화와 역사적인 유산이 아닌 통상 주민이 이용하는 일종의 커뮤니티 센터로 자리매김되어 있다. 커뮤니티가 생활에 밀접하게 관여되는 집회소, 도서관, 유치원, 레스토랑, 어젠다21하우스, 관광안내소 등이 함께 있는 다기능시설로 커뮤니티의 미래를 주민이 생각하기 위한 평생학습기능을 가지고 있고, 장래의 지역관리를 생각하기 위해서 중요한 역할을 한다.

자연환경

회스테나 샐루르 뢰스테나Höstena Källor Löstena라는 용수지가 사이트로서 보전되어 있다. 용수가 있는 장소는 연못이고, 거기에서 흘러나오는 작은 강과 습지가 있으며, 주변 자연환경이 넓고 풍부하게 보전되어 있다. 하나의 지점을 중시하지 않고, 사이트 환경의 면적인 보전을 중시한다.

쿨렌의 지도와 배치도

이 외에도 벼르케쿨렌 Björkekullen 의 〈문화의 정원〉이라 불리는 사이트에는 자연의 풍경이 잘 보전되어 있다. 자연환경 속을 걸어서 돌아다녀 볼 수 있는 오솔길도 몇 개 있다.

그 외
자연농법으로 만든 우유를 가공한 아이스크림, 휀네바드 Sjönevad 의 아이스크림 매점도 하나의 사이트로 지정되어 있다. 매점 바로 가까이에는 역사적으로 가치가 있는 장소인 연못 속에 있는 섬모양 성터가 보이는 지점이 있다.

화가 G.브람본 Gunnar Bramborn 의 아틀리에도 하나의 사이트로 지정되어 있다. 개인의 아틀리에가 사이트로 지정된 곳은 그 외에도 장인예술가 루릭스 쿤스트미데 Loricks Konstmide 대장간, 손으로 만든 도자기나 공예 아틀리에 등이 있다.

그랜스란드 에코뮤지엄

토지의 기억을 남기고 현대문화와 근대사를 자문하는 국경을 넘은 장대한 실험

지역과 활동내용

그랜스(스웨덴어로 Gräns, 노르웨이어로 Grense)는 국경을 의미하는 말이다.

이 에코뮤지엄은 스웨덴과 노르웨이 국경지역의 문화를 테마로 한 획기적인 에코뮤지엄이다. 두 개 나라에 걸쳐서 운영하는 것은 전 세계에 유일무이한 시도라고 할 수 있다.

부휘슬렌 Bohuslän, 외스트홀드 Østfold, 달스란드 Dalsland의 3개 도의 공동 프로젝트로 발족했다. 스웨덴 측의 2개 도(부휘슬렌, 달스란드)와 노르웨이 측의 1개 도(외스트홀드)에 의해 이루어진 것이다. EU의 주요 프로젝트로 채택되어 1998년에 구체적인 정비가 시작되었다.

이 지역은 고대예술의 돌조각 같은 것을 보면 같은 문화를 공유했다는 점을 인정할 수 있지만, 정치적으로 두 나라로 갈라지고 나서 역사의 흐름 속에서 문화와 생활습관 등이

달라졌다. 그 원점을 다시 보자는 프로젝트이다. 비슷한 하나의 자연환경과 농경 조건 속에서 자란 문화가 편의적인 정치라는 사회환경에 의해서 차이를 만들어내고, 인간의 행위에 의해서 영역의 균질성을 일그러뜨린 그 과정을 뒤돌아보자는 것이다.

에코뮤지엄은 개인의 그리고 지역의 정체성을 추구하는 것이 하나의 목적이지만, 여기에서 시도하는 것은 국가를 초월한 하나의 영역으로서의 정체성을 찾아내려는 획기적인 시도라고 할 수 있다.

예산은 EU(유럽연합, 단 노르웨이는 가맹하지 않음)에서 반, 3개 도에서 반을 내고 있고, 1년간 10만 스웨덴 크로네가 예산으로 책정되어 있다.

직원은 양쪽에서 한 명씩 프로젝트 리더가 일하고 있다. 프로젝트 추진에는 스웨덴 쪽의 부휘슬렌 박물관 Bohuslän Museum이 관여하고 있다. 이 박물관에서는 웁사라 대학과 공동으로, 이 지역의 역사에 대한 기록수집과 고령자에 대한 인터뷰 채집을 진행하고 있다. 부휘슬렌 박물관은 지역박물관 regional museum으로서 활발한 활동을 하고 있고, 스웨덴을 대표하는 요소 중 하나이다. 이 박물관은 1984년에 유럽뮤지엄 대상에서 특별장려상을 받았다.

구성

영역 내에는 27개 사이트와 3개 에코뮤지엄 직영 전시시설이 있는 2단계 구성으로 되어 있다.

우선 지역에 점재하는 사이트를 이곳에서는 방문대상 Besoksmål, visiting object 이라 칭하고 있다. 각각의 나라에 약 14곳씩 있다. 이 중에는 세계유산인

노르웨이와 스웨덴의 국경에 걸쳐 있는 다리

타눔 Tanum 유적도 포함되어 있다.

다음으로 에코뮤지엄이 직접 관여하고 전시하는 시설로서 프로젝트 예산에 의해 3개 전시시설을 정비하고, 쿨투르룸[25] kulturrum이라 칭하고 있다. 이것은 스코틀랜드에 있는 방문자센터와 같은 것으로 ①정보, ②건물의 보존, ③지역의 지속 발전을 목적으로 한 전시실로 되어 있다. 각각의 방에는 해설을 해 주는 자원봉사자 가이드가 한 사람씩 배치되어 있다. 그들은 각각의 코뮌이 주민 중에서 모집했다.

다음은 3개 전시시설에 대해서 소개하겠다.

스트룀스타드: 유적과 농업 지대

스트룀스타드 Statarbostad Strömstad, Blomsholm는 규모가 큰 코뮌으로, 14세기부터 오래된 역사가 남아 있는 지역이다. 석기시대에는 물에 잠겨있던 땅이다. 석기시대의 고분 grave 등이 있는 역사공원에 전시시설로 설치했고, 공원 일대는 국가문화재 national interest로 지정되어 있다. 이곳에서는 화석이 발굴되어 스톡홀

---

[25] 문화의 방: culture room의 의미

름 역사박물관에 자료를 빌려준 상태이다. 도보로 45~60분이 소요되는 산책길 foot pass이 정비되어 있으며, 주위의 완만한 기복이 있는 길을 산책할 수 있도록 했다.

이 공원에 1899년에 근접한 부지에 세워진 농가 건물이 전시실로 정비되었다. 이전에는 4세대가 1채의 집에 살았다. 1채에 1920~40년경의 농장 생활을 재현한 실내를 전시하고 있다. 들어가서 바로 왼쪽 방은 에코뮤지엄 지역안내를 위한 전시실로 수리했고, 우측의 다른 방 하나는 당시의 농가 생활을 재현한 전시를 했다. 다른 방에는 석기시대부터 18세기까지의 농장역사를 실내 전시할 예정이다. 큰 농장 주인이 살던 장소이지만, 건물은 지금 코뮌이 소유하고 있다. 이웃에 있는 18세기 마농하우스도 멋진 건물인데, 공개는 하지 않고 있다.

농장에 대해서

19세기 중반에 이 지역에 농장개혁이 단행되었다. 그 이전에 농촌은 몇몇 작은 농가가 모여서 살았다. 당시에는 농가가 모여서 하나의 안뜰을 공유하는 집락을 중심으로, 그 주위에 각각의 농장이 방사형으로 퍼져 있었다. 노르웨이에

농가 건물을 전시시설로 활용한다.

전형적으로 보이는 농촌과 같이 소집단으로 모여 있으며, 공용의 안뜰을 둘러싸는 구성이고, 농장도 공용화되었다.

그런데 농장개혁에 의해서 분산화가 진행되었고, 그 구성은

① 하나의 집이 하나의 농장을 일구고

② 그 농장 옆에 집을 갖추게

되었다. 이에 따라 지역을 분할하고, 각각의 단위로 농장과 농가가 하나의 세트가 되었다. 원래 스웨덴의 스코네 Skåne 지방이나 할란드 Halland 지방에서는 이와 같이 1채씩 독립된 농가 스타일을 취하고 있다. 즉 하나의 집과 하나의 헛간을 가지는 구성으로, 하나당 농장규모는 작아도 농가끼리는 멀리 떨어져서 배치되어 있다. 서로 흩어진 형식을 취하고 있다. 이 지역에서는 노르웨이형 공동형식에서 분산독립형식으로 이행한 모습을 볼 수 있다.

뮈흐북스: 전시(戰時)의 기억 (Mühbocks, Dals-Ed)

이 전시시설이 있는 장소는 제2차 세계대전 기간에 군대가 지나다니는 길로 사용된 장소이며, 이곳에는 1940년경 전쟁 때의 기록을 전시하고 있다.

제2차 세계대전에 스웨덴은 참전하지 않았다. 노르웨이는 스웨덴이 중립이라는 이름 아래 독일군 통과를 허락했기 때문에 노르웨이가 점령당했다는 피해감정도 있다. 레지스탕스 운동도 일어났다. 자료는 노르웨이에 괴뢰정권이 발족하고, 사실상 독일에 점령당한 1940년 4월경의 역사 증언을 중심으로 보존하고 있다. 전시실에서는 1940~45년의 분위기를 내는 TV프로그램을 만들어서 내보내고 있다. 1998년 9월에 개실했다.

뮈흐북스라는 지명은 왕녀의 이름에 연유한 것으로 두 개의 호수 사이에 있는 아름다운 풍경이 있는 장소이며, 요양지로 유명하다.

시설은 옛 호텔 건물을 이용하여 방 하나를 전시실로 수리했다. 이 건물에는

뮈호북스의 전시시설로 들어가는 입구

카페와 관광사무소가 있다. 카페는 빌드마르크VILDMARK라는 자연보호단체가 경영한다. 건물 전체는 코뮌이 소유하고 있다.

이곳에서는 자연보호와 전쟁의 관계에 대해서 일화적으로 관련지어 설명하고 있다. 예를 들면 스웨덴에는 알레만스태뜨allemanstätt라고 불리는 모든 사람이 자연과 접할 수 있는 권리가 보증되어 있다. 자연을 공유재산으로 유지 보전해 가기 위한 매너가 중요한데, 전쟁 중에는 그 매너를 분간하지 못하는 독일인이 쳐들어 왔기 때문에 함부로 모닥불을 피워 자연을 황폐하게 만들었다는 등의 문제를 전쟁과 관련지어 소개하고 있다.

담당자로서 여러 가지 자료 등을 손수 보존하고, 역사를 이야기해 주는 열정적인 자원봉사자가 있다. 전쟁 중에는 국경 경비를 맡았던 사람으로 현재 70대 남성이다.

1998년 9월 6일 오프닝세리머니가 열렸는데, 그곳에는 다음과 같은 2개 지역단체가 협력했다.

① 로타콜: 여성의 자원봉사자 단체

로타콜은 오래된 시대에 시작된 여성들의 조합조직이다. 전쟁 중 낡은 제복 등을 수집하여 보존하고 있다. 우데바라의 군대박물관에 있는 것과 같은 귀중한 옷도 자신들이 보존하고 있다. 활동목적을 명확하게 갖고 있으며, 지역에 밀착된 조직이다.

② 군대 자원봉사자: 프리윌밀리터리
군대경험이 있는 고령자들을 중심으로
만든 조직이다. 1998년 오프닝세리머니
에는 1940년 당시 음악을 틀고, 당시의
낡은 군복(노르웨이는 붉은 옷, 3개 모서리
가 있는 모자)을 입고 참가했다.

할덴: 공장제품
(Bomuldsspinneriet I Tistedal, Halden)

할덴에 있는 공장건물을 박물관으로 전용하고 있다.

1998년 6월 4일에 개관한 전시시설. 옛 공장
마을에 있는 공장을 수리하여 전시실로 정비
했다. 이 지역의 대표적 산업인 공장생산품을 전시한다. 면·커텐·구두를
테마로 한 상설전시장이 마련되어 있다.

Rorosmuseet
뢰로스 뮤지엄

Toten Økomuseet
토땐 에코뮤지엄

Norway

뢰로스 뮤지엄

세계유산으로 지정된 마을이 어두운 유산을 숨기지 않고 보전해 가는 활동

지역 개요

뢰로스는 1994년 1월 1일 통계로 인구가 5,386명인 마을이다. 이 중 3,500명이 중심지에 살고 있다. 이전에 동광산으로 번영했던 마을로, 마을 전체에 점재하는 여러 사이트로 폐광이 된 광산이나 정련소, 교회, 마을 안에 있는 약국, 신문사, 목초건물 등이 보존되어 있다. 이 마을은 17세기 후반에 두 번씩이나 큰 화재를 겪었다.

베리스타덴 Bergstaden(산 마을)이라 불리는 시가지가 옛 거리로 보존되어 있고, 유네스코의 세계유산으로 지정되어 있다.

1644년에 동광산이 처음 발견되어, 1646년부터 정련소가 가동하기 시작했다. 300년 가까이 채굴한 동광의 흔적도 그대로 보존되어 있다. 산 속에는 지금도 아직 동광석 자원이 있는데, 회사는 이미 도산하여 지금은 활동하지 않는다.

풍부한 유산이 남아 있는 한편, 올라브 Olav 광산의 공해는 근대사에 매우 심각하고 중대한 일로 남아 있다. 광독가스가 발생하여 지역 일대가 널리 오염되었던 과거가 있다.

당시는 말과 수력발전을 동력으로 하여 공장이 가동되었다. 이 지역은 고지대라서 말을 이용하는 것은 기술적으로 어려웠는데, 물을 모아서 퍼내는 수로 장치가 개발되어 실현되었다. 이 때문에 주위 수환경오염에 수반하여 물고기도 오염되는 등 환경 전체에 오염이 퍼져갔다. 자연환경은 깨끗하게 완전히 회복되는 데 시간이 걸린다. 지금도 물고기는 생체에 농축된 나머지 오염된 것이 많다고 한다. 현재도 물고기가 살지 않는 지역이 일부 있으며, 그 환경은 개선되지 않은 채로 보존되어 있다.

오염은 직경 45km 지대, 5,000km^2에 이른다. 그 지대에는 북방 민족인 라프족 1천 명이 살았다. 라프족 사람들은 지금도 이전과 같이 순록과 생활하고 있고, 인구는 200명이 조금 안 된다. 그들은 자신들만의 학교를 가지고 있고, 자신들만의 언어를 지키고 있다. 광독피해가 있을 무렵, 라프족에게 공해는 그다지 영향이 없었다고 한다. 왜냐하면 그들 나름대로 생활의 지혜에 의해 나뭇잎 끝은 먹지 않는다든지, 오염되기 쉬운 것은 섭취하지 않는다는 가르침이 있어서 그것을 지키면서 생활했기 때문이라고 한다. 이와 같은 민족문화의 역사가 광독피해 사실의 역사와 관련되어 기록되어 있다.

광산회사는 1977년에 도산했다. 노동자조합이 광산회사가 도산하기 직전에 자원봉사자와 학식이 있는 경험자 힘을 빌려서 이 땅을 보존하자는 이야기를 한 것이 뢰로스 뮤지엄의 발단이었다. 1990년에는 뢰로스 뮤지엄 재단 Røros Museum Foundation이 설립됐다. 건물과 자산은 국가가 매수하여 소유하였다.

뢰로스 마을 모습(베리스타덴) 원경

이 재단의 활동의 중심은 용광로 박물관이며, 통상 뢰로스 뮤지엄이라고 하면 이 시설을 가리키는 일이 많다.

한편, 마을 전체에 대해서는 1시간 15분의 안내관광이 이루어지고 있다.

뢰로스의 환경자원에 대해서[26]

뢰로스는 자연환경과 문화환경이 풍부한 마을로 보통의 민가가 숙박시설(민박)로 많이 지정되어 있다. 또한 시가지, 농업, 산업이 공존하는 이 같은 지역은 특히 종합적인 보전이 필요한데, 이를 위해 자연보호와 문화보호, 환경보호는 본래 일체되어야 한다.

용광로가 실제로 가동되었을 때에는 광독으로 오염되어서, 현대 교회 뒤에 보이는 짙은 녹색의 숲은 전혀 없었다. 채광을 멈추고 나서 서서히 식물들이 자라고 자연의 식생이 회복되고 있다. 그러나 산업유산에 의한 어두운 역사를 남기기 위해서는 자연환경의 회복으로 풍경이 바뀌는 것은 바람직하지 않다. 수백 년 후에 이 지역의 푸르름은 완전히 회복할 수 있다. 이 지역의 역사적

---

[26] 이 부분은 환경부의 토르핀 로드 씨의 이야기에 도움받은 바가 크다.

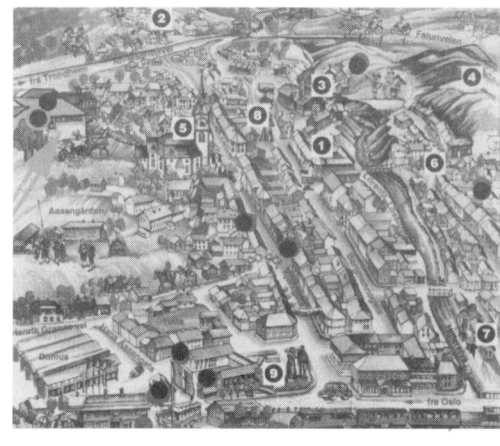

❶ 약국
❷ 올라브 동광산
❸ 용광로 박물관
❹ 슬래그(광재) 산
❺ 뢰로스 교회
❻ 노동자 주택
❼ 신문 박물관
❽ 시계탑
❾ 광부 기념비

상징 그리고 어두운 이미지가 상징으로 되어 있는 오염광산 mining area with the pollution을 어떻게 잘 보전하는가 그것이 중대한 과제이다.

오염된 그대로의 지대와 최근 사람 손으로 개간한 농지 지대가 현재 공존하고 있다. 토지를 밭으로 개량하기 위한 노력으로 식생이 차례로 회복되고 새들도 개간된 지대로 돌아오게 되었다. 이전의 침묵의 봄 그대로 남아 있는 새와 물고기, 곤충도 전혀 없었던 오염지역은 지금 대폭으로 줄어들고 있다. 1970~80년대에는 거의 사용하지 않았던 적토지에도 그 후에 토지로 일군 결과, 현재는 밭과 목초지로 되살아났다.

뢰로스 중심지에는 지금 농가가 한 채밖에 없다. 뢰로스 코뮌 전체에도 농업종사자는 150명밖에 없는 실정이다. 앞으로 농업을 어떻게 자리 잡아갈지가 과제로 남아 있다.

1978~79년에 환경청이 300만 노르웨이 크로네를 사용하여 일부분을 녹색으로 복귀시키는 개선사업을 했는데, 1979년에는 지역의 토지이용에 관한 규칙이 나오고 오염된 이 지역을 오염된 채로 보호한다는 결정이 이루어졌다. 그 결과 오염토양 보존을 중시하여 이 주변의 지역에서 트랙터로 밭을 일구는

작업이 허가된 농장은 2개소(환경부와 토지부가 각각 1개소를 지정)뿐이다.

이러한 토지이용 방침과 룰은 기본적으로 나라가 결정한 것이지만, 코뮌은 그 당시 이곳을 주거지역으로 만들려는 계획을 갖고 있었다. 국가가 세계적 가치가 높은 유산으로 보호하려는 계획과 코뮌이 지역 커뮤니티의 발전과 이익을 위해 만든 계획이 엄연하게 상극을 이루었다. 이 에코뮤지엄은 지역의 가치와 그 결정에 관한 결론을 내기가 어렵다는 것을 상징적으로 이야기해 주는 사례이다.

사이트

노동자 주택

뢰로스 뮤지엄의 컬렉션으로 되어 있는 소유물이다. 이 건물은 목조로 지어졌고 파괴 정도가 심하기 때문에 헐게 되었는데, 자원봉사자 Frivillig의 노력으로 복원되어 재건되었다. 반이 붕괴된 건물이지만, 이후 다시 만들지도 모른다. 자원봉사자 협회는 지금도 활발하게 활동을 지속하고 있다. 근처에는 뮤지엄이 소유하는 건물과는 별도로 일반인들이 소유하는 개인 집과 대농장주가 소유하고 있는 집이 있어서 관광객과 아이들을 위한 여름 합숙소로 사용된다.

노동자 주택의 일부분

올라브 동광산

올라브 동광산

올라브 동광산Olavsgruva의 역사가 전시되어 있는 박물관 시설이다. 1층은 전시실인데, 지하로 내려가면 그대로 갱도 입구로 연결되어 있다. 갱도에 들어갈 때에는 헬멧을 쓰고 들어가게 되어 있으며, 내부는 1년 내내 15℃로 온도가 낮다. 갱도 내부는 1977년 당시의 모습, 즉 광차鑛車장치나 휴게실 등이 재현되어 보존되고 있다.

용광로 박물관

재단과 마을 박물관 시설의 거점이 되는 용광로 박물관Roroshytta이다.

박물관은 코뮌과 나라, 자원봉사자협회의 협력 하에 만들어졌다. 처음 아이디어를 낸 것은 작은 박물관에 지나지 않았지만, 그 구상이 점점 부풀려져 지금도 새로운 전시에 대한 아이디어가 계속 나오고 있다. 건축가가 모던한 설계제안을 하여 신축하는 계획도 나왔지만, 주민은 이 건물들을 다시 세우는 것보다도 개축하여 재생하는 방법을 선택했다.

주요 전시실에서는 1646년 9월에 시작된 용광 작업 역사와 그 모습을 전시하고 있다. 전시 내용은 용광로 전시, 디오라마 전시를 중심으로 하여 아이들에서 어른들까지 알기 쉽게 배려했다. 지금도 여전히 실업자, 주민의

용광로 박물관 외관

협력을 얻어서 전시를 계획하고 건설하고 있다.

전시실에는 공해, 환경오염 등에 관한 패널 전시가 이루어져 있다. 그중에서도 체르노빌 원자력 발전소 사고에 의한 방사능 오염이 스칸디나비아 지역에 어떻게 확산되었는지를 보여주는 전시가 인상에 남는다. 스웨덴과 달리 원자력 발전소를 가지고 있지 않은 노르웨이만이 할 수 있는 고발적 전시이다.

전시물. 오른쪽편에 체르노빌 원자력 발전소 사고에 관한 전시도 있다.

에코뮤지엄의 사례들을 찾아서 225

재단 설립 후 15년에 걸쳐서 1,400만 노르웨이 크로네로 전시를 정비하고, 건물에 2,000만 노르웨이 크로네를 들였다. 건설에는 사람들이 10명씩 5년마다 교대로 담당했다. 담당자로는 전문기술이 없는 실업자가 주체가 되어 그들의 고용의 장이 되기도 했다. 초창기에는 예산이 50만 노르웨이 크로네였는데, 결과적으로 15년 간 1,400만 노르웨이 크로네가 들었다.

마을 안에 있는 약국

약국

마을 약국 Apotek 건물로 1992년까지 이곳에서 영업을 했다. 당시 조제약사가 2층에 거주하고 있었는데, 지금은 문화유산 아카데미 사무소가 들어와 있다. 1층은 약국 점포 당시의 실내장식이 구현되어 있다. 앞으로는 단순한 전시 박물관으로 활용하고 싶지 않다는 의향이 있다. 과거의 유물로 만들고 싶지 않다는 것이다. 어떠한 방법이 약국에 준한 운영방법인지 모색 중이다.

노르웨이의 문화관광주의 9가지 원칙
―문화유산 아카데미에 의거함

Nine Principle of Cultural Tourism
the Academy of Cultural Heritage 29 April 1997 Norway

❶ 우리의 문화유산(cultural heritage)은 인간에 귀속된다. 우리는 그 유산들에 대해서 책임을 가지며, 동시에 그 유산들에 대한 모든 권리도 가지고 있다.

❷ 당신은 어떠한 문화유산도 상처내거나 망가뜨릴 수 없다.

❸ 우리는 모두 신성한 채로 간직하고 싶다고 생각하는 장소를 가지고 있다. 당신은 다른 신성한 장소를 침범할 수 없다.

❹ 살아 있는 문화(living culture)와 문화유산은 다양성이 많으며, 그것들은 보호되고 존중되어야 할 자원이다. "당신이 지금까지 해 온 '습관'을 존중하시오"(take the "custom" where you come).

❺ 생활문화와 문화유산을 파괴시키거나 감소시키는 개발행위와 활동에 대해서 지원해서는 안 된다.

❻ 지역 사람들의 얼굴 표정과 웃는 얼굴을 잘 보고, 당신의 존재가 환영받을 지 아닌지를 확인할 것 지역 커뮤니티가 기뻐하고 재방문을 받아 줄 수 있는 매너 있는 행동을 하시오.

❼ 토산물의 자본성이라는 것은 지식과 책, 사진 속에만 있는 것이다. 가치가 있는 골동품과 유산을 토산품이라고 칭하고 마구 파괴하거나 분해하는 매수자는 그 파괴행위에 대해서 마땅히 책임을 져야 한다.

❽ 당신은 당신이 한 사람의 인간으로서 그곳을 방문함으로써, 그 지역의 생활문화와 문화유산이 뭔가 얻을 수 있도록 책임을 가지고 행동해야 한다.

❾ 문화관광주의(cultural tourism)란 시간을 소비하는 것이다. 당신이 무엇을 얻을지는 유산을 흡수하거나 이해하는 당신의 능력에 달려 있다. 진정한 문화적 관광객이라는 것을 즉시에 터득할 수 없으며, 그렇게 되기 위한 지름길 따위는 없다.

økomuseet 토뗀 에코뮤지엄
TOTEN ØKOMUSEUM ET ANNERLEDES MUSEUM
지역 주민에 의해서 수집되어 언제나 학습에 이용할 수 있는 정보·지식 '은행'

지역 개요

토뗀은 2개 코뮌, 동토뗀 Østtoten과 서토뗀 Westtoten으로 이루어져 있다. 7개 지역, 2개 코뮌, 2만 8천 명의 인구를 가지고 있다. 면적은 약 800km^{2}이다.

산업으로는 농업이 중심이며, 유명한 카프 우유공장이 있다. 1928년에 공장주가 건물을 방치해서 그 건물을 에코뮤지엄의 본부사무소로 사용하고 있다.

지역의 샐러리맨인 주민들의 근무처로 민간 AS, BMW 등의 공장에 3,000명이 일하고 있고, 그 외에 서비스업에 400만 명이 종사하고 있다. 1800년대부터 노르웨이에서도 유수의 산업이 번성한 마을 중 하나이다.

토뗀 땅은 원래 유목민이 5000년 전에 개척한 지역이다. 농장에서 기원전 400년부터의 매장 기록이 발굴되었다. 또한 이전에 미국으로 많은 사람이 이민 갔는데, 이 땅을 떠나간 인구는 약 12만 명이라고 한다. 역사적인 유산으로는 스톤카빙이나 옛 교회 등이 있으며, 이 지역을 특색 짓고 있다.

관광업에 대해서는 그다지 중시하지 않
다. 박물관이 지역 주민을 위해서 있어야
된다는 생각에 멀리서 온 관광객의 기계(투어
리스트머신)가 되지 않도록 주의를 하고 있다.

설립 경위

지역 박물관으로 자리 잡은 토뗀 뮤지엄은
1923년 1,300명의 지역 사람들 손에 의해서 설립되었다. 1928년 카프 우유공장
건물이 본부로 정해졌다. 1984년 국제 에코뮤지엄 세미나를 계기로 새로운
전개가 이루어져서 1987년부터 에코뮤지엄이라는 명칭으로 바뀌었다.

1984년 MINOM(뉴 뮤지올로지 운동 국제조직)이 결성되는데, 1986년에
토뗀에서 제2회 국제워크숍이 열렸다. 토뗀 워크숍에는 에코뮤지엄이라는
이름을 만든 바린도 참가했다. 그때 퀘벡 원주민족 조직인 SEMMA[27] (원주민사
회교육·박물관학협회)도 참가했는데, 이것을 계기로 북유럽의 원주민족 라프족
Lapp族(자칭 Sami)과의 교류도 시작되었다. 워크숍에서는 하루 동안 박물관
상황과 미래에 관한 전시물을 만들어내는 등의 성과는 매우 크고 자극적이었다.
그 후 지역 주민을 주체로 하는 에코뮤지엄으로서 토뗀 에코뮤지엄을 확립시킨
것도 이때의 워크숍에 크게 영향을 받았다.

운영과 활동내용

운영주체는 토뗀 역사협회 및 자치체, 민간 자원봉사자이다. 협회 회원은

---

[27] SEMMA: Societé d'éducation et de muséologie en milieu amérindien

1,266명이며, 회비수입도 있기는 하지만, 주된 예산으로는 국가·도·코뮌에서 받은 사업보조금이 60%, 책이나 토산품 등을 판매한 수입이 있다. 전체적으로 1997년도 예산은 3,800만 노르웨이 크로네였다.

현재 14명의 직원으로 전체를 운영하고 있다. 이 중에는 4명의 학술위원이 포함되어 있다. 매년 고용하고 있는 상근직원은 14명 중 11명이다.

지역 주민의 활력을 고양시키는 일, 컬렉션, 커뮤니티의 새로운 지식을 개발하는 일, 전시나 간행 등 여러 활동이 이루어진다.

운영방침으로는 촉매[28]로서의 역할을 중시한다. 즉 에코뮤지엄은 전문적 지식의 '스피커'가 아니라 그 지식을 가지고 주민의 자발성을 촉발시켜서 자연발생적으로 발전에 관여해 가는 것이 본연의 존재방식이라고 한다. 지역 주민은 에코뮤지엄의 단순한 이용자·방문자가 아니다. 방문자, 소비자, 자료제공자, 자원봉사자를 동시에 연출하는 존재이다.

에코뮤지엄은 학술적인 지식을 일방적으로 전달하는 장이 아니라, 자원봉사자인 주민 활동을 받아들이는 장이다. 전문 직원과 자원봉사자 사이의 창조적 프로세스 작업, 협동작업이 중요하다고 한다.

이곳의 활동 목적을 다음과 같이 정리하였다.[29]

- 통상의 박물관 활동을 하는 동시에 지역 역사가 있는 사회를 운영한다.
- 지역주민을 지역의 전통과 지역 환경 발전에 종사하도록 활성화시킨다.
- 인터프리테이션[30] 활동과 조사연구를 통해서 컬렉션을 수집하고 보존한다.
- 커뮤니티의 새로운 지식을 개발한다.

---

[28] 촉매 catalyst 미국의 근린박물관의 활동을 논술한 J. Kinarf의 말을 인용.
[29] 「토뗀 에코뮤지엄은 여러 가지 목적을 가지고 있다」 1997에서.
[30] 박물관 자료의 해설·교육 등을 의미한다.

• 토멘 스스로 전시를 하거나 연보^{年報}를 만든다.

사이트 소개

토멘에는 현재 6개 사이트가 있다. 사이트를 토멘에서는 노르웨이어로 아브데링 avdeling이라고 칭하고 있다. 이것은 부분 department과 부문이라는 의미이다. 서쪽과 동쪽에 각각 3개씩 있다.

① 카프 우유공장(Kapp Melkefabrikk)
   정보센터, 사무소, 사진부문, 공방, 전시실, 집회실, 저장고
② 페테르 발케 센터(Peder Balke-sentret)
   미술갤러리, 바로크 정원, 휴면실^{休眠室}, 집회실, 다실^{茶室}
③ 스텐베리 야외 민가박물관(Stenberg Friluftsmuseet)
   18~19세기 토멘의 농업에 관한 야외박물관, 전시실, 집회실, 잉글리쉬 파크
④ 루드 학교(Rud Skole)
   학교건물의 보존과 교실 복원
⑤ 라우훠스 공장(Raufoss Gård)
   라우훠스에서 가장 오래된 집, 전시실, 집회실, 라우훠스 병기공장 설립에 관한 전시
⑥ 게릴라 건물(Heimefronthytta)
   제2차 세계대전 후 건물을 복원·보존

문서 센터(카프 우유공장 내)

우유공장 건물 속에 문서센터 Dokumentasjonssenteret가 있으며, 인터넷 시대임에

에코뮤지엄의 본부사무소가 있는 카프 우유공장 안뜰

도 불구하고 인포메이션뱅크 이용자는 해마다 증가하고 있다. 특히 학교 아이들의 이용이 증가하며, 지리나 역사, 생물, 사회 등의 여러 가지 지역 학습을 위해서 활용하고 있다. 에코뮤지엄에서 '집적된 지식'collective knowledge을 중요시하며, 이곳의 자료는 각각 다른 정보를 서로 연결하여 합치는 역할을 한다.

농장의 역사, 농장주 개인에 대한 데이터로 농장주의 개인카드를 만들고 있는데, 1695년부터의 인물 역사를 알 수 있다. 아쉽게도 1973년 자료는 훼손되어 빠졌다. 300년 이상 된 진정한 주민 역사를 보존하고 있다.

개인 데이터에 대해서는 적어도 10만 명분의 개인기록을 보관하고 있다고 한다.

지역의 역사를 알기 위해서 매우 많은 방면에서 자료를 모았다. 또한 교회 책church book에서 견진성사堅振聖事, confirmation 기록을 복사하여 전부

문서 센터에는 지역문화를 알기 위한 자료실(도서관)이 병설되어 있다.

보관했다. 1648년 당시 가죽지에 써진 고문서도 참고로 했다. 그 외 상점의 장부 등도 보관하는 등 온갖 지역의 일상자료가 수집되어 있는 장소이다.

페데르발케센터

페데르발케센터 Peder-Barke-senteret 주 건물은 1790년에 지어진 것이며 국가 기념물로 지정되어 있다. 건물뿐 아니라 3년 전에 바로크풍 정원을 재생했는데, 이 정원도 귀중한 것이다. 페데르 발케 Peder Barke(1804~1887)는 노르웨이에서 유명한 예술가로 그 이름에서 센터 명칭을 가져왔다. 건물 안에는 1833~34년에 그가 그린 12장의 벽화가 전시되어 있어 전체가 회화 갤러리처럼 꾸며져 있다. 그 외 인포메이션 센터로서 자료 등이 놓여 있는 방이 있다.

페데르 발케 센터 보존건물

이 건물은 19세기에는 지사가 소유한 농장 주택으로 사용되었는데, 20세기가 되어서 잠시 양로원으로도 사용되었다. 최근까지도 노인요양원과 간병요양원으로 이용되었는데, 1983년에 다른 부지에 신축·이전하게 되었다. 그때 건물의 가치를 발견한 에코뮤지엄이 이 건물을 미술갤러리로 활용할 것을 제안하여, 현재와 같이 코뮌과 공동으로 운영하게 되었다. 건물 외관은 가장 번성했던 1830년대 모습으로 복원했다.

한편, 근처에 있는 건물은 현재 수예 아틀리에 및 숙박부문으로 이용되고 있다. 코뮌이 건물을 소유하고, 이것을 한 가족이 임대하여 민박으로 경영하고 있다. 12개의 객실이 각각 다른 실내장식으로 고안되어 있다.

에코뮤지엄의 사례들을 찾아서 233

자연을 살려 만든 스텐베리
야외박물관의 정원

스텐베리의 야외민가박물관

스텐베리의 야외민가박물관 Stenberg Friluftsmuseet 으로 보존되어 있는 건물은 농장주였던 지사가 살던 농가를 중심으로 19세기 농장을 구성하는 여러 건물·농장군이며, 부지 내에는 영국풍 정원도 있다.

이곳의 방침은 구태여 가이드를 둘 필요가 없다는 것이다. 가이드 패널도 없다. 아이들에게는 본인이 직접 할아버지나 할머니와 이야기하여 커넥션을 만들고 질문하는 것이 중요하다고 설명하고 있다. 본인 스스로 느끼는 것이 중요하기 때문에 가이드 패널 같은 것을 두지 않고 자연 그대로 남겨두어 뮤지엄으로 삼고 있다.

여름에는 140명의 아이들을 모아서 합숙을 하며 옛날식 식사를 하고, 겨울에는 눈싸움을 하는 이벤트가 있다. 연간 3, 4천 명이 방문하지만 학교이용자가 많다.

루드 학교

루드 학교 Rud Skole는 1844년 코뮌에 처음으로 만들어진 학교이다. 초창기에는 교사가 나오는 시기에만 다른 지역에서 몰려오는데, 이 건물에 숙박하면서 3주 정도 코뮌의 아이들에게 수업을 하는 형태를 취했다. 그 후 1962년까지 학교로 기능을 하다가 이전하고 폐교가 된 후 1976년에 에코뮤지엄에 기증되었다. 현지에 보존하는 것이 중요하다고 생각하여 주택용으로 일반인 대상 차용자를 모집했다. 건물의 반을 거주지로 사용하면서 유지관리에 도움을 주도록 했다. 건물의 반은 학교 박물관으로 전시해 놓았으며, 실내장식을 하여 옛날 교실공간을 재현했고, 옛날 의상을 입고 수업을 하는 모임 등을 실시하고 있다.

본서에 게재된 에코뮤지엄 일람

※ 본문에 게재된 정보는 기본적으로 최신 방문일에 얻은 것이며, 그 후 찾아볼 수 있는

국가	구분	주소
프랑스	브레스 부르기논 에코뮈제 Écomusée de la Bresse Bourguignonne	Château Pierre de Bresse 71270 Pierre de Bresse, France
	크뢰조 몽소 레민 에코뮈제 Écomusée de la Communauté urbaine Le Creusot Montceau les Mines	Château de la Verrerie 71200 Le Creusot, France
	푸르미 트렐롱 에코뮈제 Écomusée de région de Fourmies-Trélon	Centre ville 59610 Fourmies, France
벨기에	비로왕 에코뮈제 Écomusée de la région de Treignes/ Écomusée de la région du Viroin (1996년부터)	81, Rue de la Gare B-5670 Treignes, Belgium
	상트르 지역 에코뮈제 Écomusée régional du Centre	Centre Minier du Bois du Luc 2b, rue St Patrice B-7110 Houdeng Aimeries, Belgium
캐나다	피에 몽드 에코뮈제 Écomusée du Fier Monde	2050 rue Amherst Montréal, Quebéc, Canada H2l 3L8
스웨덴	베리스라겐 에코뮤지엄 Ekomuseum Bergslagen	Kyrkogatan 2, S-777 30 Smedjebacken, Sweden
	크리스티안스타드 에코뮤지엄 Ekomuseum Kristianstad Vattenrike	Kristianstads kommun S-291 32 Kristianstad, Sweden
	활뷔덴 애트라달렌 에코뮤지엄 Ekomuseum Falbygden-Ätradalen	c/o Stiftelsen Ekehagens Forntidsby, S-520 43 Åsarp, Sweden
	네드레 애트라달렌 에코뮤지엄 Ekomuseum Nedre-Ätradalen	c/o Mr. H G Karlsson Tvistgången 4, S-302 44 Halmstad, Sweden
노르웨이 ·스웨덴	그랜스란드 에코뮤지엄 Ekomuseum Gränslandsve, Økomuseum Grenseland(nor.)	c/o Bohuslänsmuseum Box 34, S-45115 Uddevalla, Sweden

범위 내에서 입수한 정보를 추가했다.

연락처	방문일	설명자
phone: +33 85 76 27 16 fax: +33 85 72 84 33	1996.6.17~20	Dominique Rivière (directeur/conservateur) et al.
phone: +33 85 55 01 11	1996.6.21	Patrice Nottegem (directeur/conservateur) et al.
phone: +33 27 60 66 11	1998.5.18~21	Marc Goujard (directeur) et al.
phone: +32 (0) 60 39 98 24 fax: +32 (0) 60 39 94 50 http://www.ulb.ac.be/ulb	1998.5.21~22	Wlady Quinet (conservateur)
phone: +32 (0) 64 282000 fax: +32 (0) 64 212641 http://www.vifcom.ne/Report1/Ecom.html	1998.5.22	Eric Werte(conservateur) et al.
phone: +1 514 528 8444 fax: +1 514 528 8686	1996.11.11	René Binette (Museologue)
phone: +46 (0) 240 66 30 82 fax: +46 (0) 240 7 48 60 http://www.ekomuseum.se e-mail: info@ekomuseum.se	1997.5.19~24 1999.7.2~7	Ewa Bergdahl (director:~'99), Peter Lasson (fomer director:~'96), Lennart Edlund (Västmanlandslän), Örjan Hamrin (Dalarnas museum), et al.
phone: +46 (0) 44 13 52 99 fax: +46 (0) 44 12 49 45 e-mail: info@vattenrilet. 　kristianstad.se http://www.vattenrilet. 　kristianstad.se	1997.7.3	Sven-Erik Magnusson (Kristianstad kommun)
phone: +46 (0) 515 500 60 fax: +46 (0) 515 500 62 e-mail: ekomuseum@seipnet.se www.falkoping.se/ekomuseum (www.alvsborg.lst.se/vilda_vastergoland/ulr~eko.htm	1997.6.19, 1999.7.8~9	Sigbritt Wilhelmsson (project leader), et al.
phone: +46 (0) 35 18 85 59 fax: +46 (0) 35 18 85 59 www.falkenberg.se/eko/eko.htm	1997.7.3	Sven-Erik Magnusson (Kristianstad kommun)
phone: +46 (0) 522 65 65 00 fax: +46 (0) 522 65 65 05 http://www.halden.kommune.no/~museum/	1998.5.24~25	Elisabeth Lysén (Bohuslänsmuseumv)

국가	구분	주소
노르웨이	뢰로스 뮤지엄 Rørosmuseet	Malmplassen N-7460 Røros, Norway
	토뗀 에코뮤지엄 Toten Økomuseet	N-2858 Kapp, Norway

[관련정보]

프랑스	에코뮤지엄과 생활사박물관 연맹 Fédération des écomusées et des musées de socité	4, Square Castan 25031 Besançon, France
스웨덴	스웨덴의 에코뮤지엄 일람 (크리스티안스타드 에코뮤지엄 홈페이지) Ekomuseer I sverige (adresser till verksamheter representerade vid våreräffen I kristianstad Vattenrike)	
일본	JECOMS (Japan Ecomuseological Society) 일본 에코뮤지엄 연구회	日本エコミュージアム研究会事務局 〒240-501 横浜市保土ヶ谷区常磐台79-5 横浜国立大学工学部 建築学教室大原一興気付

연락처	방문일	설명자
phone: +47 72 41 05 00 fax: +47 72 41 05 71	1997.7.16~17	Torbjøn Eggen (Kulturvernnakademiet), et al.
phone: +47 61 16 95 00 fax: +47 61 16 95 80 e-mail: totoko@online.no http://www.lakenet.no/vtk/kultur/index.html	1998.5.26, 1999.7.7	Torbjøn Eggen (Kulturvernnakademiet), et al.
phone: +33 (0) 3 81 83 22 55 fax: +33 (0) 3 81 08 92		
http://vattenriket.kristianstad.se/ekomuseer.htm		
phone: +81 45 339 4068~9 fax: +81 45 331 1730		

참고문헌·인용문헌 (저자 알파벳순)

Acters des Premieres Rencontres nationals des Ecomuseer, 1987, Agence Régionale d'Ethnologie Rhône-Alpes Ecomusée Nord-Dauphiné.

Bedekar, V.H., 1996, *New Museology for India*, University of Baroda, India.

Boylan, Patrick J., 1982, The New role of a regional museum service in environmental research, pp.21-23. *Museums Journal*, 82, 1.

Boylan, Patrick, 1990, Museums and Cultural Identity, *Museums Journal*, no.90/6, pp.29-33.

Boylan, Patrick, 1992, Ecomuseums and the new museology-some difinitions, *Museums Journal*, no.92, 4, p.29.

Bramwell, Anna, 1989, *Ecology in the 20th Century A History*(일본어번역: ブラムウェル著, 金子務訳:『エコロジー 起源とその展開』, 河出書房新新社, 1992.

Clarke, Robert, 1973, *Ellen Swallow-The Woman Who Founded Ecology*, Follette Publication (ロバート・クラーク著, 工藤秀明訳:『エコロジーの誕生──エレン・スワローの生涯──』, 新評論, 1994 または同:『エコロジーへのはるかな旅──学際科学の創始者エレン・スワロー(リチャーズ)』, ダイヤモンド社, 1986).

Davallon, Jean and Grandmont G., Schiele B., 1992, *The rise of environmentalism in museums*, Musée de la civilisation, Québec.

Davies, Peter, 1999, Ecomuseums a sense of place, Leicester University Press.

Davies, Meryl, 1996, Defining Ecomuseums The UK Case, *Journal of Japan Ecomuseological Society*, No.1, 1996.12, pp.79-85(Eng.): メタル・デイヴィズ(新井訳): エコミュージアムを定義する, 「エコミュージアム研究」, 1号, 1996.12, 日本エコミュージアム研究会, pp.51-56(Japn.).

Duclos Jean-Claude, 1992, "From natural park to ecomuseum", pp.95-98, in Davallon Jean, Grandmont G., Schiele B., 1992, *The rise of environmentalism in museums*, Musée la civilisation, Québec.

Écomusées et musées de société(special issue), PORR, no.153, Mars 1997, GREP.

Engström, Kjell, 1985, The ecomuseum concept is taking root in Sweden, pp.206-210, *Museum*, No. 148, ICOM(UNESCO).

Fédération des Écomsées et des musée de sociéte(ed.). 1992, *Territoires de la Mémoire*, L'ALBARON.

Fuller, Nancy J., 1992, The Museum as a Vehicle for Community Empowerment: The Ak-Chin Indian Community Ecomuseum Project, *in Museums and Communities: The Politics of Public Culture*. ed. by Ivan Karp and Christine M. Kreamer et al., Washinton, DC: Smithsonian Institution.

Giraudy, D. and Bouilhet H., 1977, Le Musée et La Vie(高階秀爾監修, 松岡智子訳『美術館とは何か』鹿島出版会, 1993.5).

Gjestrum, John Aage and Maure, Marc(ed.): 1988, *Økomuseumsboka-identitet, økologi, deltakelse*, Norsk ICOM.

Gjestrum, John Aage, 1994, Lokalmuseer og museumsprofesjonalitet, *Nordisk Museologi*, 1994.1, pp.75-82.

Gjestrum, John Aage, 1996, En Bibliografi om Økomuseer, *Nordisk Museologi*, 1996.2, pp.57-70.

Guattari, Félix, 1989, Les Trois Ecologies, Editions Galilée(F.ガタリ著, 杉村昌昭訳:『三つのエコロジー』, 大村書店, 1991).

Honari, Morteza, 1999, Health ecology: an introduction, pp.1-34, in *Health Ecology* edited by M. Honari and T.Boleyn, Routledge.

Hurbert, François, 1985, Ecomuseums in France: contradictions and distortions, pp.186-190, *Museum,* No.148, ICOM(UNESCO).

Hurbert, François, 1987, les écomusées après vingt ans, in *Écomusées en France, Actes des Premieres Renscontres Nationales des Écomusées,* pp.56-60. Agence Régionale d'Ethnologie Rhône-Alpes et Ecomusée Nord-Dauphné.

Hurbert, François, 1989, Historique des écomusées, in *La muséologie selon Gerges Henri Rivière*, Dunod 1989.

Hurbert, François, 1997, Nouveaux musèes, mouveles musèologies, pp.23-30, *POUR*, no.153, Mars 1997, GREP.

Hudson Kenneth, 1991, Letter from Gratangsbotn, *Museums Journal*, (April), 20.

Hudson Kenneth, 1992, The Dream and the Reality. 20 years of ecomuseums and ecomuseology, *Museums Journal*, April, pp.27-31.

Hudson Kenneth, 1996, Ecomuseums become more Realistic, pp.11-19, *Nordisk Museologi*,

1996.6.

Hunt, Caroline, 1912, The Life of Ellen H.Richards, Boston, Whitcomb&Barrows(ハント著, 小木紀之・宮原祐弘監訳:『家政学の母 エレン・H・リチャーズの生涯』, 家政教育者).

Images of the ecomuseum (special issue), 1985, p.182-244, Museum, 148, ICOM(UNESCO).

Joubert Alain, 1993, *Nouvelles demandes nouveaux services: l'offre de service patrimoniale et sa mise en oeuvre touristique: le cas des écomusées*, Manuscrit, janvier 1993.

Joubert Alain, 1994, L'Ecomusée: de l'Idée à la réalité, pp.23-53, in 丹青研究所,『あさんライブミュージアム'94国際シンポジウム報告書』(邦訳 pp.7-22).

Joubert Alain, 1996, フランスから日本へ ～エコミュゼ～,「エコミュージアム研究」, 1号, 1996.12, 日本エコミュージアム研究会, pp.29-37(Japn.)

Kinard, John, 1968, The Smithsonian's Anacostia Neighborhood Museum, *Curator*, no.XI/3, pp.190-205.

Kinard, John, 1972, To meet the Needs of today's Audience, *Museums news*, Washinton.

Kinard, John, 1985, The Neighborhood museum as a catalyst for social chace, pp.217-222, *Museum*, No.148, ICOM(UNESCO).

La Muséologie selon Georges henri Rivière, Cours de muséologie / textes et témoignages, 1989, Editions Dunod.

Lazier, Isabelle, 1998, fiches signalétiques des écomusées, pp.141-181, in *Actes des Premiers Rencontres nationales des Ecomusees*, Agence Régionale d'Ethnologie Rhône-Alpes Ecomusée Nord-Dauphiné.

Luhmann, Niklas, 1986, *Ökologische Kommunikation : Kann die moderne Gesellshaft sih auf ökologische Gefährderung einstellen?*, Westdeutscher Verlag, Opladen(N.ルーマン著, 土方昭訳:『改訳版エコロジーの社会理論』, 新泉社, 1992).

Maure, marc, 1978, Thoughts on a new function of the museum, *ICOM Education*, (8), pp.32-34.

Maure, marc, 1993, *"Ecomusée"-quelques réflexions sur l'apparition*, la signification, la diffusion et l; utilistion de ce termedans divers pays., 1993.1, pp.1-12.

Mayland, Pierre, 1980, Le Métier d'inventeur de musées, pp.3-15, *Musées*, vol.3, no. 4.

Mayland, Pierre, 1984, Enracinements de la nouvelle muséologie au Québec, pp.32-37, *Muse;* 2, 1, 1984. Spring.

Mayland, Pierre, 1985, The new museology proclaimed, pp.200-201, *Museum,* No.148, ICOM (UNESCO).

Mayland, Pierre, and Binette, René: 1991, Les écomusées au Québec, *M,* vol.13, n.14, Décembre 1991, Société des musées québecois.

Mayland, Pierre, 1992, "Activistic ecomuseology", pp.186-187, in Davallon Jean, Grandmont G., Schiele B., *The rise of enviromentalism in museums,* Musée de la civilisation, Québec.

Mayland, Pierre, 1997, En Avant tourtes l'Expression Ecomuseale あらゆるエコミューゼの表現の前進, 「ストーンテリア」, pp.14-17, vol.46, 1997.7.

McIntosh, Robert P., 1985, *The background of Ecology consept and theory,* cambridge University Press(ロバート・マッキントッシュ著, 大串隆之他訳:『生態学』, 思索社, 1989).

Nabais, António, 1985, The development of ecomuseums in Portugal, pp.211-216, *Museum,* No.148, ICOM(UNESCO).

(Tema) Nordens ekomuseer, 1997, årgång2, Ekomuseum Bergslagen.

Nyström, Bengt, 1996, Något om museerna i Sverige, pp.199-213, in *Museer i Sverige,* Svenska Turistföreningen.

Ohara, Kazuoki, 1998, The Omage of Ecomuseum;in Japan, *Pacific Friend,* Vol.25 No.2, 1998.April, pp.26-27, Jiji GahoSha.

Olofsson, Ulla Keding, 1996, Riksutställningars Seminarier och Ekomuseibergreppet, *Nordisk Museologi* 1996.2, pp.3-10.

Pardon, Sylvie, 1987, François Lecouturier, Pascal ROS: Le mouvement écomuséal vu à travers ses premières rencontres: aboutissment, charnière ou imoasse?, pp.182-195, in *Actes des Premieres Rencontres nationales des Ecomusees,* Agence Régionale d'Ethnologie Rhône-Alpes Ecomusée Nord-Dauphiné.

Park, Robert E., Burgess, Ernest W., McKenzie, Roderick D.: 1925 and 1967, *The City,* The University of Chicago (R.E.パーク, E.W.バーゼス他著, 大道安次郎・倉田和図四生共訳:『都市 人間生態学とコミュニティ論』鹿島出版会, 1972).

Reader, Keith A., 1987, *Intellectuals and the Left in France since 1968,* Macmillan Pub.ltd (キース・A・リーダー, 本橋哲也訳:『フランス現代思想』, 講談社, 1994).

Regional Rediscovery and the Ecomuseum (special report), 1998, *Pacific Friend,* Vol.25 No.2, 1998.April, pp.18-15, Jiji Gaho Sha.

Rivard, René., 1984, *Opening up the museum or Toward a new museology*: ecomuseums and "open"museums, Que le musée s'ouvre… ou Vers une nouvelle muséologie: les écomusées et les musées 'ouverts', Québec, RenéRivard, p.117.

Rivard, René., 1985, Ecomuseums in Quebec, pp.202-205, *Museum,* No.148, ICOM (UNESCO).

Rivière, Dominique, 1996, Un Écomusée françois type: L'Écomusée de la Bresse bourguignonne, *Journal of Japan Ecomuseological Society,* No.1, 1996.12, pp.58-77(fr.): ドミニク・リヴィエール (後藤訳): あるフランス型エコミューゼ, 「エコミュージアム研究」, 1号, 1996.12, 日本エコミュージアム研究会, pp.13-24 (Japn.).

Rivière, Georges Henri, 1973, The museum as a monitoring instrument: role of museums of art and of human and social sciences, pp.26-44, *Museum,* 25, 1/2.

Rivière, Georges henri L 1979, 〈une rencontre avec Gerges henri Rivière, le musicien muséographe qui inventa aussi les écomusées〉, propos recieillis par G.Breerete et F.Edelman, *Le Monde,* 8-9, juillet.

Stauffer, R.C., Haeckel, Darwin and Ecology, *Quarterly Review of Biology,* 1957, vol.32, pp.138-144.

Stevenson, Sheila, 1982, The Territory as museum: new museum in directions in Québec, pp.5-16, *Curator,* 25, 1.

Stiftfelsen Norsk landbruks museum of agriculture of Norway Ås, Norway(from a presentation made by Marc Maure 1990): 1992, "Toward a cultural ecology," pp.58-59, in Davallon Jean, grandmont G., Schiele B., 1992, *The rise of environmentalism in museums,* Musée de la civilisation, Québec.

Varine, Hugues de, 1976a, The modern museum: requirements and problems of a new approach, pp.130-143, *Museum,* 28, 3.

＿＿＿, 1976b, The museum in the fourth dimension, ICOM-CECA, Umeå, 1976.9, (reprinted in *Nordisk Museologi,* 1996.2. pp.51-56).

＿＿＿, 1978, L'écomusée, *La Gazette,* pp.28-40, vol.11 no.2, Ottawa OMA/AMC

＿＿＿, 1985, The word and beyond, p.187, *Museum,* no.148, ICOM(UNESCO).

＿＿＿, 1986a, Rethinking the Museum Concept, Foredrag ved ICOM/UNESCOs konferanse om museer ogverdens urbefolkninger i Jokkmokk, Sverige, juni 1986.(In Gjestrum/Maure: 1988, *Økomuseumsboka,* pp.33-40).

_____, 1986b, Skandinavias plass i ny museologi, Foredrag ved MINOMs 3. internasjonale arbeidsseminar, Toten, Norge sept. 1986, (In Gjestrum/Maure: 1988, *Økomuseumsboka*, pp.62-66).

_____, 1986c, New museology and the renewal of the museum institution, MINOMs 3. internasjonale arbeidssminar, Toten, Norge, sept. 1986 (In Gjestrum/Maure: 1988, *Økomuseumsboka*, pp.62-66).

_____, 1991, *L'Initiative communautaire: Recherche et expérimentation*, Nacon, Ed. W; Savigny-le-Temple, MNES, p.265, Collection Museologia.

_____, 1993, *Tommorow's Community Museums*, 1993.10, lecture given on 15 Oct. 1993 in Utrecht.

_____, Ecomuseum or Community Museum? 25 years od Applied Research in Museology and Development, *Nordisk Museologi*, 1996.2, pp.21-26.

嘉田由紀子, 1995, 『生活世界の環境学 琵琶湖からのメッセージ』, 農文協.
今井光映・紀嘉子著, 1990, 『アメリカ家政学史 リチャーズとレイク・プラシッド会議』, 光生館
今井信五, 1992-1994, エコミュゼをめぐるいくつかのこと①~⑥, 「環境文化研究所報」, Vol.27-31.
吉兼秀夫, 1994, エコミュージアムの概念と実態, 「環境文化研究所研究紀要」, No.4, pp.1-16, 1994.3.
丹青研究所, 1993, 『ECOMUSEUM』, 1993.3.
_____, 1994, 『あさんライブミュージアム'94国際シンポジウム報告書』徳島県企画調整部プロゼェクト推進局, 1994.12, p.90.
大原一興, 1996a, 環境と人の関わりの統合的解釈を求めて エコミュージアムって何だろう, 「科学朝日」, 1996.1, pp.39-43.
_____, 1996b, エコミュージアムの潮流と現代日本における可能性, 「地域開発」, 日本地域開発センター, 1996.3, pp.32-38.
_____, 1997, 夢を刻む人々 エコミュージアム, 「STONET」, ナイガイ, 1997, Autumn, pp.1-2.
_____, 1999, エコミュージアムとは何だろう?, 「エコソフィア」, 昭和堂, 4号, 1999.12, pp.34-39.

藤原道朗, 鎌田磨人, 福田珠己, 1996, フランスのエコミュージアム―ローゼル山・エコミュージアムとグランドランド・エコミュージアムの事例を中心として―,「徳島県立博物館研究報告」, no.6. pp.1-38, 1996.9.

馬場憲一, 1998, 地域文化政策としてのエコミュージアム(住民参加型博物館)構想―多摩地域における設置の可能―, 法政大学多摩地域社会研究センター「研究年報」, 第2号, 1998. 3.

_____, 1998,『地域文化政策の新視点 文化遺産保護から伝統文化の継承へ』, 雄山閣出版.

糸魚川淳二, 1993,『日本の自然史博物館』, 東京大学出版会.

博物館学講座4『博物館と地域社会』雄山閣出版, 1979.9.

新井重三, 1989, 野外博物館総論,「博物館学雑誌」第14巻1-2合併号, 全日本博物館学会.

_____, 1995,『実践エコミュージアム入門』, 牧野出版, 1995. 3.

_____, 1996a, エコミュージアムの理論と実践,「MUSEUM」, pp.75-98.

_____, 1996b, 日本型エコミュージアムの未来,「エコミュージアム研究」, 1号, 1996.12, 日本エコミュージアム研究会, pp.6-12 (Japn.).

岩橋恵子, 1994, フランスにおけるエコミュージアムの現状と課題―フランス成人教育研究の視点から―,「九州教育学会研究紀要」, 第22巻, pp.59-66.

_____, 1996, フランスにおけるエコミュージアム運動の歴史的展開とその特質, 鹿児島女子大学「研究紀要」, 第17巻, 第2号, pp.125-143.

_____, 1997,『フランス成人教育におけるエコミュージアムの意義と役割』, 平成7~8年度科学研究費補助金研究成果報告書, 1997.3.

岩井宏實, 1991,『博物館づくりと地域お越し』, ぎょうせい.

玉野井芳郎, 1978,『エコノミーとエコロジー』, みすず書房.

伊藤寿朗, 1993,『市民のなかの博物館』, 吉川弘文館.

日本エコミュージアム研究会編, 1997,『エコミュージアム・理念と活動 世界と日本の最新事例集』, 牧野出版.

長谷川栄, 1994,『新しい美術館学』, 三友社.

_____, 1995, ポスト・ミューゼオロジーの思考,「Cultivate」創刊号, 文化環境研究所.

朝日町エコミュージアム研究会編, 1992,『国際エコミュージアムシンポジウム報告書 エコ

ミュージアム』,国際エコミュージアムシンポジウム実行委員会.

倉田公裕・矢島國雄, 1997,『新編 博物館学』, 東京堂出版, 1997.9.

鶴田総一郎, 1974, イコム自然史博物館国際委員会日記(1974),「博物館研究」日本博物館協会, 9-10, 11.

海老坂武, 1984, 大いなる物語, pp.14-15,『アラン・タネール』, 欧日協会ユーロスペース.

ヒマラヤ保全協会, 1997,『第三世界の地域開発とエコミュージアム―ネパール山村での実践から―』, 1997.3, p.84.

マケンジー, R.D, 1925, (邦訳1972), ヒューマン・コミュニティ研究への生態学的接近, p.65-80, (パーク他著, 大道他訳:『都市 人間生態学とコミュニティ論』鹿島出版会, 所収).

사례에 관한 참고문헌(각각 연대순)

브레스 부르기뇬 에코뮈제

Rivière, Dominique: 1987, Musées chez l'habitat et circuits de découverte en Bresse bourguignonne, pp.258-264, in *Actes des Premieres Rencontres nationales des Ecomusees*, Agence Régionale d'Ethnologie Rhhhône-Alpes Ecomusée Nord-Dauphiné

Rivière, Dominique: 1996, Un Écomusée françois type: L'Écomusée de la Bresse bourguignonne, *Journal of Japan Ecomuseological Society*, No.1, 1996.12, pp.58-77(fr.): ドミニク・リヴィエール (後藤訳): あるフランス型エコミューゼ,「エコミュージアム研究」, 1号, 1996.12, 日本エコミュージアム研究会, pp.13-24 (Japn.)

馬場憲一: 1997, 地域社会における文化遺産の保存と活用—ブレス・ブルゴーニュ・エコミュゼの視察を通して—,「学芸研究紀要」, 第13号, 1997.3

石川宏之: 1997, 博物館運営における行政の支援と住民の役割—ブレスブルギニョン・エコミュゼの場合—,「Museum Study 明治大学学芸員養成過程紀要」, 8, pp.55~68

吉兼秀夫: 1994, エコミュージアムの概念と実態,「環境文化研究所研究紀要」, no.4, pp.1-16, 1994.3

크뢰조 몽소 레민 에코뮈제

Varine-Bohan, Hugues de: 1973, A 'fragmented' museum: the Museum of Man and Industry, Le Creusot-Monceau-les-Mines, pp.242-249, *Museum*, 25, 4

Jeannot-Vignes, Bernard: 1976, Collecting material for an ethnographical exhibition: an experiment conducted by the "Ecomuseum" of the Urban Community of Le Creusot-Montceau-les-Mines, pp.162-169, *Museum*, 28, 3

Evard, Marcel: 1980, Le Creusot-Montceau-les-Mines : the life of an ecomuseum, assessment of ten years, pp.226~234, *Museum,* 32, 4, ICOM(UNESCO)

BEellaigue-Scalbert, Mathilde: 1985, Actors in the real world, pp.194-199, *Museum,* No.148, ICOM(UNESCO)

Bouchet, François: 1987, Écomusée et actions educatives L'exemple de l'écomusée de la communauté uebaine le Creusot-Montcear, pp.119-129, *POUR*, no.153, Mars 1997,

GREP

岩橋恵子: 1997,『フランス成人教育におけるエコミュージアムの意義と役割』, 平成7~8年度科学研究費補助金研究成果報告書, 1997.3

石川宏之: 1998, エコミュゼの運営における管理システムと機構形態に関する考察―ル・クルゾー・モンソ・レ・ミーヌ都市共同体・エコミュゼのケーススタディ―,「日本ミュージアム・マネージメント学会研究紀要」, 第2号, 1998.3

푸르미 트렐롱 에코뮈제

岩橋恵子: 1994, フランスにおけるエコミュージアムの現状と課題―フランス成人境域研究の視点から―,「九州教育研究学会研究紀要」, 第22巻, pp.59-66

Goujard, Marc: 1997, Écomusée in Fourmies-Trélon フランス フルミー・トレロン地方のエコミューゼ、「ストーンテリア」, vol.45, pp.72-76, 1997.1

피에 몽드 에코뮈제

Stevenson, Sheila: 11982, The Territory as museum : new museum directions in Québec, pp.5-16, *Curator*, 25, 1

Ecomusées du Québec, Ottawa, 1985, pp.9-15, *Bulletin, Association des écomusées du Québec*, 1, 3

Rivard, René: 1985, Ecomuseums in Québec, pp.202-205, *Museum*, No.148, ICOM(UNESCO)

베리스라겐 에코뮤지엄

Sörenson, Ulf et al.: 1987, Järn Bryter Bygd, Ekomuseums Bergslagen betättar i landskapet, Ekomuseum Bergslagen

Bergdahl, Ewa: 1996, Ekomuseet i en Framtidsvision, *Nordisk Museologi*, 1996.2, pp.35-40

Hamrin, Örjan: Ekomuseum Bergslagen fran Idé till Verklighet, Nordisk Museologi, 1996.2, pp.27-34

Larsson, Peter and Edlund, Lennart: 1996, スウェーデンのエコミュージアムの現状,「エコミュージアム研究」, 1号, 1996.12, 日本エコミュージアム研究会, pp.25-28 (Japn.)

Olofsson, Ulla Keding: 1996, Riksutställningars Seminarier och Ekomuseibergreppet, *Nordisk*

Museologi, 1996.2, pp.3-10

(Tema) *Ekomuseum Bergslagen,* 1999, årgång1, Ekomuseum Bergslagen

桐沢千都子: 1997, ベルクスラーゲン・エコミュージアム, pp.87-97, 『エコミュージアム 理念と活動』, 牧野出版

(Tema) *Bergslagens framtider,* 1999, årgång4, Ekomuseum Bergslagen

Guidebok Ekomuseum Bergslagen: 1999, Ekomuseum Bergslagen

뢰로스 뮤지엄

Gjestrum, John Aage: 1988, Økomuseer i Norge, p.158-162, in Gjestrum/Maure: *Økomuseumsboka*

中田慶子: 1992, 『私の出会ったノルウェー』, ドメス出版

Ødegaard, Sverre and Havrin, Jiri: 1994, bergstaden *Røros,* ARFO

토뗀 에코뮤지엄

Gjestrum, John Aage: 1988, Toten-økomuseet, p.180-183, in Gjestrum/Maure: *Økomuseumsboka*

Toten Økomuseet: 1997, *Øyeblikk som varGamle fotografier fra Toten,* bind 3, p.103

Mayland, Pierre: 1997, En Avant touutes l'Expression Ecomuseale あらゆるエコミューゼの表現の前進, 「ストーンテリア」, pp.14-17, vol.46, 1997.7

역자후기

본서는 희망제작소의 희망지역 만들기 사업의 일환으로 번역된 책이다. 역자는 본서를 번역하면서 '에코뮤지엄'이라는 용어를 처음으로 알게 되었다. 기본개념의 정리와 함께 다양한 사례들이 소개되고 있는 본서는 비전문가들에게 '에코뮤지움'에 대한 관심과 이해를 불러오기에 좋은 책이라고 생각한다.

본서는 에코뮤지엄에 대한 개념이 어떻게 생겨나서, 어떻게 변화해 갔는지 시대적으로 공간적으로 잘 정리되어 있다. 에코뮤지엄이 활성화되어 있는 여러 나라들, 특히 프랑스, 벨기에, 캐나다, 스웨덴, 노르웨이를 중심으로 저자가 직접 현지를 방문하고 집필한 풍부한 사례들은 구체적이고 생생하다.

에코뮤지엄이라는 말은 1960년대 후반에 프랑스에서 생겨나서 각 나라로 전파된 용어이다. 각국이 그 개념을 받아들인 시점은 각국이 지역활성화의 새로운 동력을 필요로 하던 시점인 듯하다.

일본에서는 1972년에 '에코뮤지엄'이 처음 전파되었으나 관심의 대상이 되지 못했다. 버블붕괴 시점인 1980년대 후반부터 지방활성화와 마을 활성화에 대한 일본인의 관심이 높아지면서 에코뮤지엄은 비로소 주목을 받게 되었다.

본서가 한국에서 지역만들기 노력에 작은 도움이 되었으면 하는 바람이다.

마지막으로 본서 기획부터 출판까지 힘쓰신 희망제작소 이용신 연구원, 송추향 연구원 등 여러분과 외국어 표기에 도움을 주신 유영 님, 금은영 님, 한국외국어대학교 권혁인, 신민경 님에게 감사의 말을 전하고 싶다.

지은이 | 오하라 가즈오키(大原一興)

1958년 도쿄(東京) 출생
1981년 요코하마국립대학(横浜国立大学) 건축학과 졸업
1983년 동대학 대학원 석사과정 수료
1987년 도쿄대학(東京大学) 대학원 박사과정 단위취득퇴학, 도쿄대학 건축학과 조교
1989년 공학박사
1991년 요코하마국립대학 건설학과 조교
1994년 동대학교 조교수, 현재에 이름
1995년 일본 에코뮤지엄 연구회 설립, 이사·사무국장

[주요저서] 『개인방이 있는 양로원』(個室のある老人ホーム, 공저, 호분샤〈萌文社〉, 1995), 『하우스어뎁테이션』(ハウスアダプテーション, 공저, 주택종합연구재단〈住宅総合研究財団〉, 1995), 『에코뮤지엄·이념과 활동』(エコミュージアム·理念と活動, 공편, 마키노출판〈牧野出版〉, 1997), 『의료복지학의 이론』(医療福祉学の理論, 분담집필, 주오법규출판〈中央法規出版〉, 1997)

희망제작소 뿌리총서 1
The Hope Institute

마을은 보물로 가득 차 있다
— 에코뮤지엄 기행

1판 1쇄 펴냄 2008년 8월 12일

지은이 오하라 가즈오키
옮긴이 김현정
감수 원기준
펴낸이 이형진
펴낸곳 도서출판 아르케
출판등록 1999. 2. 25. 제2-2759호
서울특별시 마포구 연남동 509-28번지 2층
대표전화 336-4784~5 팩시밀리 6442-5295
E-Mail arche21@arche.co.kr / Homepage www.arche.co.kr

값 18,000원

ⓒ 희망제작소 2008

ISBN 978-89-5803-078-2 04300
    978-89-5803-056-0 (세트)

우리시대 희망만들기에 함께해 주세요

희망제작소는 시민들의 공공의 삶의 증진을 위해 쉼없이 노력하는 민간 연구소입니다.
시민들의 후원으로 운영되는 시민의 단체입니다.

후원인
- 이름 _____ 주민번호 (기부금영수증 발행용) _____
- 전화 _____ 핸드폰 _____
- 이메일 _____
- 주소 _____

후원금액 □ 달마다 □ 분기마다 □ 해마다 _____ 원

후원방법
- □ CMS 자동이체 (아래 CMS 동의서 기재)   참여동기   □ 웹사이트
- □ 자동이체 (기부자께서 직접 은행에 신청)   □ 추천 (추천인: _____)
- □ 직접 입금   □ 기타
- □ 신용카드 정기기부 (아래 신용카드 정기기부 동의서 기재)

후원계좌번호 (예금주 - 희망제작소)
- 국민은행 006001-04-123533   하나은행 271-910002-36004   농협중앙회 053-01-267275
- 우리은행 1005-401-052881   신한은행 275-05-020494

CMS 자동이체 동의서
CMS 자동이체 신청하신 분들은 꼭 작성해 주세요.

- **출금은행** _____ 예금주 _____ 출금일 □ 1일 □ 25일
- 계좌번호 _____ 이체금액 매월 _____ 원
- 예금주 주민등록번호 _____

신용카드 정기기부 동의서

- 신용카드사 _____   카드번호 _____
- 유효기간 _____ 년 _____ 월   기부금액 매월 _____ 원

□ 전화 가입 : 070-7580-8119 후원사업팀으로 전화해서 후원 신청을 하시면 됩니다.
전화번호를 남겨주시면 후원사업팀에서 전화를 드리겠습니다.

□ 온라인 가입 : 희망제작소 홈페이지(www.makehope.org)에서도 후원하실 수 있습니다.

      년   월   일   이름 _____ (서명)

★ 위의 사항을 적어 팩스(02-3210-0126)로 보내주세요.
   기부해주신 금액에 대해 개인/기업 모두 연말 소득공제용 영수증을 드립니다.